Joyce Mkufya

Wyniki funduszu zatrzymań i funduszu odnawialnego

Joyce Mkufya

Wyniki funduszu zatrzymań i funduszu odnawialnego

W gospodarstwach więziennych w Tanzanii

Wydawnictwo Bezkresy Wiedzy

Imprint

Cover image: www.ingimage.com

Publisher:
Wydawnictwo Bezkresy Wiedzy
is a trademark of
International Book Market Service Ltd., member of OmniScriptum Publishing Group
17 Meldrum Street, Beau Bassin 71504, Mauritius

Printed at: see last page
ISBN: 978-620-2-44635-8

Drogi czytelniku,

książka, którą posiadasz, została pierwotnie wydana pod tytułem "Performance of Retention and Revolving Fund in Tanzania Prisons Farms", ISBN 978-613-8-83129-7.

Jego publikacja w języku polskim jest możliwa dzięki zastosowaniu najbardziej zaawansowanej sztucznej inteligencji dla języków.

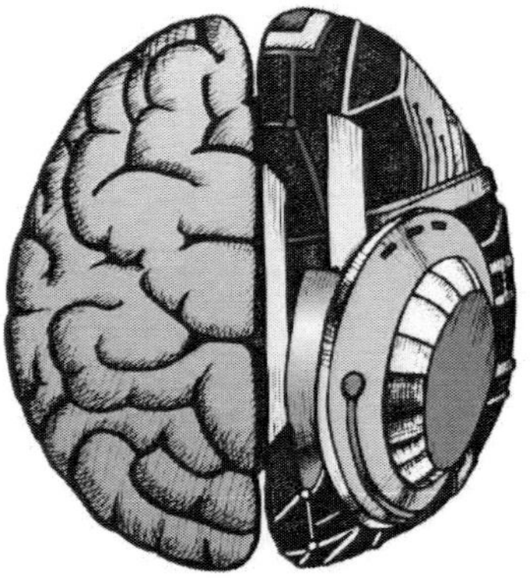

Technologia ta, uhonorowana pierwszą w historii Honorową Nagrodą Sztucznej Inteligencji w Berlinie we wrześniu 2019 r., naśladuje sposób działania ludzkiego mózgu, dzięki czemu jest w stanie uchwycić i przetłumaczyć nawet najmniejsze niuanse w bezprecedensowy sposób.

Mamy nadzieję, że znajdą Państwo wiele satysfakcji z tej książki i uprzejmie prosimy o uwzględnienie wszelkich rozbieżności językowych, które mogłyby wyniknąć z tego procesu.

Miłego czytania!

Wydawnictwo Bezkresy Wiedzy

ABSTRACT

Badania przeprowadzono w czterech zakładach karnych: Karanga (Kilimandżaro), Songwe (Mbeya), Ngwala (Songwe) i Arusha. Ogólnym celem była ocena wyników funduszu zatrzymywania i funduszu odnawialnego w gospodarstwach Służby Więziennej w Tanzanii w zakresie produkcji kukurydzy. Cele szczegółowe obejmowały: porównanie produkcji kukurydzy, określenie powrotu do czynników produkcji oraz ustalenie czynników wpływających na produkcję kukurydzy w ramach funduszy retencyjnych i obrotowych. W badaniu zastosowano technikę celowego pobierania próbek. Dane wtórne były głównym źródłem danych, które obejmowały wielkość gospodarstwa, nakłady rolnicze, koszty produkcji, wydajność kukurydzy i tendencje produkcyjne, natomiast dane pierwotne zostały zebrane w drodze wywiadu z czterema kluczowymi informatorami. Dane analizowano za pomocą statystyk opisowych, porównując średnie i wielokrotną regresję liniową. Wyniki wykazały maksymalną produkcję 610,4 tony kukurydzy w ramach funduszy odnawialnych i maksymalnie 51,5 tony w gospodarstwach retencyjnych. Środki dotyczące wielkości gospodarstwa, plonów kukurydzy, przychodów i kosztów produkcji były wyższe w funduszach retencyjnych niż w funduszach retencyjnych. Badanie ujawniło również znaczenie statystyczne w wysokości 1 procent wielkości gospodarstwa i kosztów produkcji oraz 5 procent przychodów. Wyniki pokazują również, że produkcja kukurydzy w ramach funduszu odnawialnego była bardziej rentowna z marżą brutto Tsh. 1 136 061/ha niż Tsh. 687 910/ha gospodarstw rolnych objętych funduszem retencyjnym. Jednakże regresja liniowa wykazuje pozytywny wpływ na koszty produkcji i wielkość gospodarstwa na plon kukurydzy odpowiednio na poziomie 5 % i 1 %. W badaniu stwierdzono, że: wielkość gospodarstwa rolnego i plony kukurydzy były większe w ramach funduszu odnawialnego niż w ramach funduszu retencyjnego; produkcja kukurydzy jest bardziej opłacalna w gospodarstwach objętych funduszem retencyjnym niż w przypadku funduszu retencyjnego, a wielkość gospodarstwa i koszty produkcji mają pozytywny wpływ na plon kukurydzy. W badaniu zaleca się, aby TPS: przyjął system finansowania odnawialnego w większości gospodarstw rolnych, wdrożył system monitorowania i oceny oraz usprawnił udostępnianie funduszu produkcji.

UZNANIES

Przede wszystkim pragnę wyrazić moje serdeczne uznanie dla mojego przełożonego, profesora J.P. Helli, za jego wielkie wsparcie moralne i intelektualne, które uczyniło to opracowanie dokumentem merytorycznym.

Czuję się bardzo zadłużony wobec Tanzania Prisons Services za umożliwienie mi przeprowadzenia tego badania w ramach organizacji i zapewnienie wsparcia moralnego i motywacyjnego. Chciałbym również wyrazić uznanie za dostarczenie przez nie niezbędnych informacji, które są głównym wkładem do tego sprawozdania.

Wyrażam również wdzięczność mojemu uroczemu mężowi, panu O.A. Kiamie, moim dwóm synom i córce: Eugene, Hassan i Mariam odpowiednio za pomoc, opiekę i tolerancję przez cały okres studiów.

Ponadto chciałbym podziękować moim przyjaciołom i kolegom z klasy za wsparcie, które doprowadziło do zakończenia mojej pracy.

Jestem jednak całkowicie odpowiedzialny za wszelkie niedociągnięcia w tym badaniu.

DEDYKACJA

Do moich ukochanych rodziców, pana Josepha H. Mkufyi i pani Elżbiety Mkufyi, za położenie podwalin pod całą moją edukację. Czy Wszechmogący Bóg może ich obficie pobłogosławić?

SPIS TREŚCI

WYKAZ TABEL

WYKAZ DANYCH LICZBOWYCH

WYKAZ ZAŁĄCZNIKÓW

LISTA SKRÓTÓW DO NAZWISK (S)

APP Średni produkt fizyczny

BoT Bank Tanzanii

CGP Komisarz generalny ds. więziennictwa

CRFAIS Wspólnotowy Fundusz Rewolwingowy na rzecz Rozwoju Rolnictwa - dostawy czynników produkcji rolnej

FAO Organizacja ds. Wyżywienia i Rolnictwa

PKB Produkt krajowy brutto

GM Marża brutto

GN Uwagi rządu

GPS Usługi więziennictwa w Ghanie

GRDC Ghana Research and Development Corporation

ICRISAT Międzynarodowy Instytut Badań nad uprawami roślin uprawnych dla tropików półprzemysłowych

IFAD Międzynarodowy Fundusz Rozwoju Rolnictwa

MFC Koszt czynnika krańcowego

MVP Wartość krańcowa Produkt

NIT Krajowy Instytut Transportu

NRSP Krajowy program wsparcia obszarów wiejskich

PCP Główny komisarz ds. więziennictwa

SAAM Podręcznik księgowości stanu Arizona

SPPAP Projekt zmniejszania ubóstwa w południowym Pendżabie Projekt zmniejszania ubóstwa

SSA Afryka Subsaharyjska

TARDITanzania Instytut Badań i Rozwoju Rolnictwa w TARDITanzanii

TC Koszt całkowity

TPS Służba więzienna w Tanzanii

TR Dochody ogółem

TVC Koszt zmienny ogółem

URT Zjednoczona Republika Tanzanii

Agencja Rozwoju Międzynarodowego USAIDUnited States Agency for International Development (USAIDUnited States Agency for International Development)

ROZDZIAŁ 1.

1,0 WPROWADZENIE

1. 1Informacje ogólne

W niniejszym rozdziale przedstawiono podstawowe informacje na temat roli rolnictwa w Tanzanii, rolnictwa w Tanzania Prisons Service (TPS) oraz potrzeby utrzymania i funduszu odnawialnego na projekty rolne. Wyraża on również stwierdzenie problemu i uzasadnienie, znaczenie badania, cele badawcze, pytania i hipotezy oraz organizację badania.

1.2 Role rolnictwa w Tanzanii

Rolnictwo jest ważnym sektorem gospodarki Tanzanii i głównym źródłem żywności, zatrudnienia, surowców dla przemysłu i dochodów z tytułu różnic kursowych. Ponieważ Tanzania obdarzona jest różnorodnością stref klimatycznych i geograficznych, rolnicy uprawiają szeroką gamę upraw rocznych i wieloletnich. Dotyczy to upraw żywności i upraw gotówkowych, a także owoców, warzyw i przypraw. Ponadto rolnicy prowadzą hodowlę zwierząt gospodarskich, hodując zwierzęta takie jak bydło, kozy, owce, świnie i kurczaki. Trzymają również kilka sztuk indyków, kaczek, królików, osłów i koni (URT, 2017). Ponadto tempo wzrostu sektora rolnego, który zatrudnia około 66,3% ludności i odpowiada za 20% przychodów z eksportu, wzrosło w 2017 r. o 3,6% w porównaniu z 2,1% odnotowanymi w 2016 r. (URT, 2018).

Być może wydajność rolnictwa wynikała głównie z dobrej pogody doświadczanej w większości części kraju, dostępności środków produkcji rolnej i chemikaliów pochodzenia rolniczego. Dzięki temu produkcja roślinna wzrosła ponad dwukrotnie z 1,4 procent do 2,8 procent w 2016 roku. Szacowana produkcja żywności w 2017/18 r. wyniosła 16,9 mln ton, czyli ponad 15,9 mln ton w roku 2016/17. Zboża wynosiły 9,54 mln ton, a niecereały 7,35 mln ton. Lepsze wyniki osiągnięto dzięki dobrej pogodzie, lepszej podaży środków produkcji rolnej, usługom rozbudowy i programom nawadniania (BoT, 2018 r.).

1.3 Więzienia w Tanzanii - służba więzienna i rolnictwo

1.3.1 Tło historyczne

Tanzania Prisons Service (TPS) jest jednym z sześciu departamentów podlegających Ministerstwu Spraw Wewnętrznych ustanowionemu na mocy ustawy nr 34 z 1967 r. i upoważnionym do świadczenia odpowiednich usług w zakresie pozbawienia wolności, skutecznego programu rehabilitacji, zarządzania w aresztach oraz udzielania porad w zakresie kontroli przestępczości i zapobiegania jej. Wszystkie te działania mają na celu umożliwienie więźniom stanie się dobrymi obywatelami po odbyciu przez nich kary. TPS świadczy usługi rehabilitacyjne w oparciu o tradycyjne podejście, a mianowicie doradztwo psychospołeczne, rozwój infrastruktury, produkcję roślinną, chów zwierząt gospodarskich, ochronę środowiska i przemysł na małą skalę, poprzez wykorzystanie pracy więźniów, co umożliwia im odbycie praktycznych szkoleń w celach rehabilitacyjnych (TPS, 2015 r.).

Historycznie, TPS ewoluował z reżimu kolonialnego i został oficjalnie ustanowiony jako pełnoprawny departament rządowy 25 sierpnia 1931 roku, a następnie uchwalenie rozporządzenia o więzieniach z 1933 roku. 58. Przed tą datą oba podmioty (Policja i Służba Więzienna) świadczyły połączone usługi w zakresie utrzymania porządku publicznego. Po uzyskaniu niepodległości w 1961 roku, Służba Więzienna w Tanzanii przyjęła filozofię rehabilitacji, w której za podstawową wartość przyjęto humanitarne traktowanie przestępców i sprawiedliwość. Przyjęcie tej filozofii poparte zostało zmianami legislacyjnymi, w tym uchwaleniem ustawy o zakładach karnych nr 34 z 1967 r. i jej rozporządzeń, ustanowieniem różnych programów resocjalizacyjnych oraz przyjęciem nowego programu szkoleń dla personelu więziennego zgodnie z naciskiem na prawa człowieka (TPS, 2017 r.).

Wdrożenie praktycznych szkoleń dla więźniów umożliwiło im wykonywanie różnych rodzajów działalności gospodarczej w różnych dziedzinach, takich jak stolarstwo, krawiectwo, produkcja obuwia i mydła, wydobycie soli, murarstwo, hodowla bydła, hodowla pszczół i produkcja roślinna. Dzięki budowie brygady więźniowie zdobyli również umiejętności po zaangażowaniu się w kilka projektów, w tym w projekty: budowa 50 domów dla personelu rządowego w Kisasa w Dodomie; renowacja parlamentarnego bloku administracyjnego w Dodomie; budowa budynku Departamentu Usług dla Uchodźców w Dar es Salaam; renowacja budynku Ministerstwa Nauki i Technologii, Kijitonyama w Dar es Salaam; budowa 15 bloków dla pracowników policji, Kilwa Road w Dar es Salaam; budowa Fundacji Biblioteki Narodowego Instytutu Transportu (NIT), Mabibo w Dar es Salaam; oraz budowa oddziałów w Temeke, Kawe i Ukonga w Dar es Salaam (TPS, 2018).

1.3.2 Działalność rolnicza

Tanzania Prisons Service (TPS) prowadzi szereg działań gospodarczych mających na celu rehabilitację więźniów, w tym rolnictwo, w którym prowadzona jest uprawa roślin, hodowla bydła i hodowla ryb. Łączna powierzchnia gruntów wynosi około 130 482 ha, z czego 60 540 ha to grunty orne. Jednak obecnie uprawia się tylko 4 511 ha (7,5%) ze względu na niewystarczające środki finansowe, nieodpowiedni sprzęt (maszyny i technologia rolnicza), przepisy i regulacje, na mocy których więźniowie skazani na długie kary nie mogą pracować w obozach karnych oraz zmiany klimatyczne. TPS posiada 42 gospodarstwa rolne, które działają w oparciu o dwa podejścia, a mianowicie fundusz odnawialny w ramach Prisons Corporation sole (15 gospodarstw) oraz system zatrzymywania przez rząd centralny (27 gospodarstw). Głównymi uprawami spożywczymi są kukurydza, ryż, fasola, olej palmowy i uprawy ogrodnicze, natomiast zwierzęta gospodarskie trzymane w więzieniach obejmują bydło opasowe i mleczne, kozy, owce, świnie, króliki i drób (TPS, 2015).

Pomimo ogromnego potencjału, TPS nie był w stanie zaspokoić swojego wewnętrznego popytu na żywność i wyprodukować nadwyżek na sprzedaż publiczną. Dlatego też potrzeba promowania samowystarczalności żywnościowej jest konieczna ze względu na fakt, że obecne potrzeby więźniów nie są zaspokajane z uwagi na szereg czynników, do których należy zaliczyć: występowanie niekorzystnych warunków pogodowych w ciągu kilku sezonów, spóźnione i nieodpowiednie zapewnianie środków finansowych przez rząd. Średnia produkcja głównych upraw żywności w więziennych gospodarstwach rolnych w Tanzanii w ciągu ostatnich pięciu lat od 2010 r. do 2014 r. i 2015 r. została przedstawiona w tabelach 1 i 2.

Tabela 1: Produkcja kukurydzy, ryżu niełuskanego i fasoli w gospodarstwach więziennych w Tanzanii w latach 2010-2014

Rok	Kukurydza		Paddy		Fasola		Palma	
	Ha	Ton	Ha	Ton	Ha	Ton	Ha	Ton
2010	1771	2546	428	463	37	26	607	21.57
2011	1897	2190	848	271	65	10	607	15.24
2012	1603	1720.5	210.4	240.4	40.4	14.54	607	24.5
2013	1306	1629	198.2	223.5	29.2	10	607	18.854
2014	1077.8	1445.53	90.4	143.3	32	14.3	607	24.91
Ogółem	**7654.8**	**9531.03**	**1775**	**1341.2**	**203.6**	**74.84**	**3035**	**105.074**
Średnia	**1 530.96**	**1 906.21**	**355.00**	**268.24**	**40.72**	**14.97**	**607.00**	**21.01**

Źródło Siedziba główna TPS (2015 r.)

Tabela 2: Sześcioletnie statystyki dotyczące zwierząt gospodarskich w więziennych gospodarstwach hodowlanych w Tanzanii w latach 2010-2015 .

Lata	2010	2011	2012	2013	2014	2015

Bydło	10 203	10 798	11026	10 447	11 357	11 460
Koza	2 165	2 319	2 406	2 625	2 788	3 224
Owce	268	299	362	382	401	519
Świnia	259	237	349	326	247	347
Króliki	109	129	171	138	136	178
Kaczki	501	167	144	255	246	361
Egzotyczne kurczaki	0	0	0	0	0	1 948
Lokalne kurczaki	0	0	0	0	0	3 596
Gołębia świnia	0	0	0	0	18	25
Ogółem	**13 505**	**13 949**	**14 458**	**14 173**	**15 193**	**21 658**

Źródło Siedziba główna TPS (2015 r.)

1.4 Potrzeba utrzymania i funduszuodnawialnego

Przed 1983 r. TPS realizowała swoje projekty rolnicze wyłącznie w ramach systemu zatrzymywania środków z budżetu państwa. W miarę upływu czasu TPS borykał się z ograniczeniami budżetowymi, które doprowadziły do niedoboru środków produkcji, takich jak nawozy i kwalifikowane nasiona oraz ulepszone narzędzia rolnicze. W tym przypadku jedyna Korporacja Więzienna została ustanowiona na mocy sekcji 3(1) jedynej ustawy korporacyjnej nr 23 z 1974 r. w 1983 r. w celu zmniejszenia obciążenia rządu w zakresie: finansowania usług świadczonych przez więźniów, takich jak żywność, mundury i opieka zdrowotna; zdecentralizowanych władz od głównego komisarza ds. więziennictwa (PCP) do kierowników (urzędnika odpowiedzialnego za więzienia); oraz zwiększenia wydajności produkcji do wybranych zakładów karnych (TPS, 2015).

Wyłącznie korporacja w ramach GN nr 128 z 1983 r. została upoważniona do zarządzania sześcioma projektami na zasadach komercyjnych, a mianowicie: - Fabryka obuwia w więzieniu Karanga - Moshi (Kilimandżaro), farma kukurydzy w więzieniu Songwea (Mbeya), przemysł krawiecki w więzieniu Ukonga (Dar es Salaam), farma mleczarska w więzieniu Kingolwira, jednostka odlewnicza w Kingolwira, więzienie i ranczo w więzieniu Wami (Morogoro). Na tym etapie wszystkie projekty Prisons Corporation Sole zostały rozpoczęte w celu prowadzenia działalności komercyjnej lub przemysłowej poprzez fundusz odnawialny. W 1996 r. kolejnych dwanaście (12) projektów zostało przeniesionych do systemu PCS, a mianowicie: Kitengule Prisons mixed farm project (Kagera), Mugumu prison heifer multiplication project (Mara), Mollo prison mixed farm project (Rukwa), Ludewa prison farm project (Njombe), Isupilo prison mixed farm project (Iringa), Projekt farmy więziennej w Kiberege i projekt farmy więziennej Idete (Morogoro), projekt farmy więziennej Kitai i projekt farmy więziennej w Mkwaya (Ruvuma), projekt farmy więziennej w Bagamoyo (region wybrzeża), projekt farmy więziennej w Mang'ola i projekt farmy więziennej w Arusha (Arusha). Zmiany te spowodowały, że system PCS obejmuje łącznie 23 projekty, z czego 15 dotyczy rolnictwa, a 8 małych przedsiębiorstw (TPS, 2018 r.). Dlatego też w niniejszym opracowaniu oceniono wydajność funduszy retencyjnych i obrotowych w zakładach karnych w Tanzanii.

1.5 Stwierdzenie problemu

Służba więzienna w Tanzanii realizuje projekty rolnicze zarówno poprzez rewolwing, jak i retencję od 1983 r. (TPS, 2015 r.). Oba systemy są wykorzystywane do produkcji roślin rolniczych i zwierząt gospodarskich w celu produkcji żywności dla więźniów i sprzedaży publicznej. Kukurydza jest główną uprawą produkowaną w różnych gospodarstwach rolnych. Duże farmy są: Songwe (Mbeya), Kitengule (Kagera), Mollo (Rukwa), Ludewa (Njombe), Isupilo (Iringa), Idete (Morogoro), Kitai (Ruvuma), Karanga (Kilimandżaro), Pawaga (Iringa) i Ngwala (Songwe). Zmienne nakłady, takie jak nawozy, nasiona, herbicydy i środki owadobójcze są nabywane poprzez alokację budżetu państwa w ramach systemu retencyjnego, podczas gdy w systemie rewolwingowym zakupy są dokonywane za pośrednictwem jedynych rachunków korporacji więziennych, gdzie każdy projekt ma swój własny rachunek. Środki stałe, takie jak ciągniki, są nabywane z budżetu państwa w obu systemach.

Wakhis (2015) analizował wysokie dochody w kenijskich zakładach karnych w ramach funduszu odnawialnego. Więzienne gospodarstwa rolne finansowane są z funduszu odnawialnego utworzonego na mocy ustawy parlamentarnej. W gospodarstwie każda czynność jest traktowana poważnie, dlatego wdrożyli oni szereg strategii mających na celu zapewnienie zderzakowych zbiorów.

Wspólnotowe fundusze odnawialne na rzecz dostaw czynników produkcji rolnej Wspólnotowe fundusze odnawialne na rzecz dostaw czynników produkcji rolnej (CRFAIS) zostały zainicjowane jako działanie pilotażowe w ramach SPPAP w 2016 r. zgodnie z zaleceniem Międzynarodowego Funduszu Rozwoju Rolnictwa (IFAD) i rządu Pendżabu, aby umożliwić rolnikom nabycie na czas dostaw czynników produkcji, dodatkowych gruntów rolnych i innych czynników produkcji rolnej. Pozyskiwanie środków produkcji rolnej, takich jak stosowanie nawozów, stosowanie nowoczesnych metod uprawy roli oraz uprawa nowoczesnych odmian nasion, jest właściwym sposobem zapewnienia zwiększonej produkcji (SPPAP, 2017).

Do tej pory minęło prawie 36 lat od czasu, gdy TPS rozpoczął realizację swoich projektów rolnych zarówno poprzez systemy finansowania retencyjnego, jak i odnawialnego, ale nie wiadomo, który system sprawdza się dobrze od drugiego. Problem ten spowodował zatem konieczność przeprowadzenia badania w celu przeanalizowania wyników projektu rolniczego w ramach funduszy retencyjnych i obrotowych, w szczególności w odniesieniu do produkcji kukurydzy w więzieniach w Tanzanii.

1.6 Uzasadnienie badania

Badanie to będzie bardzo korzystne dla TPS dzięki zrozumieniu wkładu funduszy obrotowych i retencyjnych w produkcję kukurydzy w zakładach karnych. Ujawniona wiedza pomoże TPS wybrać najbardziej opłacalny system lub poprawić ten, który nie działa dobrze.

1.7 Cele badań

1.7.1 Cel ogólny

Ogólnym celem badania była ocena i porównanie wyników funduszy retencyjnych i rewolwingowych w gospodarstwach Służby Więziennej w Tanzanii, w szczególności w zakresie systemu produkcji kukurydzy.

1.7.2 Cele szczegółowe

Dokładniej rzecz ujmując, badania poszukują;

i. Zbadanie produkcji kukurydzy w ramach systemów finansowania retencyjnego i retencyjnego;
ii. określenie powrotu do czynników produkcji kukurydzy w ramach systemów finansowania retencyjnego i retencyjnego; oraz
iii. Określenie czynników wpływających na produkcję kukurydzy w ramach systemów retencyjnych i odnawialnych źródeł finansowania.

1.8 Pytania i hipotezy badawcze

1.8.1 Pytania badawcze

W pracy tej kierowano się następującymi pytaniami badawczymi:

i. Jaki jest wkład funduszy odnawialnych i retencyjnych w produkcję kukurydzy w zakładach karnych?
ii. Jakie czynniki wpływają na produkcję kukurydzy w zakładach karnych?

1.8.2 Hipotezy

i. H0: System finansowania retencyjnego i retencyjnego nie ma różnicy w wydajności produkcji kukurydzy na farmach więziennych w Tanzanii.

ii. H1: System finansowania retencyjnego i retencyjnego ma wpływ na produkcję kukurydzy w zakładach karnych w Tanzanii.

1.9Organizacja rozprawy

Opracowanie to zostało przedstawione w pięciu rozdziałach. Rozdział pierwszy przedstawia informacje ogólne. W rozdziale drugim omówiono przegląd literatury, natomiast w rozdziale trzecim przedstawiono metodologie stosowane przy prowadzeniu tego badania. W rozdziale czwartym przedstawiono wyniki i dyskusję, a w rozdziale piątym omówiono wnioski i zalecenia.

ROZDZIAŁ 2

2.0 PRZEGLĄD LITERATURY

W niniejszym rozdziale przedstawiono przegląd literatury, w szczególności koncepcji funduszy odnawialnych i retencyjnych, produkcji kukurydzy w gospodarstwach TPS, czynników wpływających na wydajność kukurydzy, ram teoretycznych, powrotu do czynników produkcji oraz ram koncepcyjnych.

2.1 Fundusz odnawialny

Fundusz odnawialny to kapitał zgromadzony w określonym celu, który może być udostępniony tym samym użytkownikom więcej niż jeden raz. Fundusz odnawialny" jest stosowany przy różnych okazjach w odniesieniu do różnych rodzajów funduszy i działań. Czasami odnosi się to do działań samofinansujących, takich jak fundusze przedsiębiorstw (SAAM, 2015). Służba Więzienna w Ghanie zajmowała się działalnością rolniczą w pierwszych dniach swojego istnienia, głównie na poziomie minimum socjalnego. Kwestie te pojawiły się w 1992 r., kiedy to konieczne stało się znalezienie alternatywnych sposobów rozwiązania problemu rosnących wydatków rządowych na racje dla więźniów. Jednostka rolna została zatem zreorganizowana, aby stała się bardziej produktywna poprzez wprowadzenie koncepcji funduszu odnawialnego "Rolnictwo". Rząd centralny finansował Service Agricultural Programmes przez trzy lata, po czym wpływy z tych programów zostały zatrzymane jako kapitał i zostały przeznaczone na działalność rolniczą. Oprócz uzupełniania rządowych dostaw żywności, jednostka ds. rolnictwa wprowadziła również do programów szkolenia zawodowego, aby pomóc osadzonym w nabyciu podstawowych umiejętności w zakresie poprawy metod uprawy roli przed ich ponownym wprowadzeniem do społeczeństwa (GPS, 2015 r.).

Innym przykładem funduszu odnawialnego jest innowacyjny fundusz odnawialny na rzecz nasion orzechów ziemnych w Malawi, utworzony w 1999 r. przez Międzynarodowy Instytut Badawczy ds. upraw tropików półprydowych (ICRISAT) oraz wsparcie w ramach pomocy irlandzkiej, zarządzany przez drobnych rolników i na ich rzecz, utrzymywał solidny lokalny prywatny przemysł nasion i zwiększył produkcję orzechów ziemnych. Większość gospodarstw domowych w dużym stopniu polega na sektorze rolnictwa dotkniętym zmianami klimatu, a dwa kolejne lata suszy uniemożliwiły poprawę standardu życia. Zwiększenie wydajności małych gospodarstw rolnych jest postrzegane jako klucz do ograniczenia powszechnego ubóstwa. ICRISAT utworzył innowacyjny fundusz odnawialny na rzecz nasion, aby odwrócić tę sytuację poprzez dostarczanie wysokiej jakości nasion ulepszonych odmian w sposób zrównoważony i po rozsądnych kosztach dla małych gospodarstw rolnych w Malawi. Amerykańska Agencja Rozwoju Międzynarodowego (USAID) przekazała rolnikom fundusze na rozpoczęcie produkcji nasion orzechów ziemnych w 1999 roku. Dzięki późniejszemu wsparciu ze strony Irish Aid, ten system obrotu nasionami wygenerował dynamiczny lokalny przemysł nasienny, produkujący tony fundamentów, a następnie certyfikowanych nasion odmian roślin uprawnych, które są odporne na szkodniki, odporne na suszę i przynoszące wysokie plony. W rezultacie produkcja orzeszków ziemnych i dochody wielu drobnych producentów rolnych wzrosły (Bossuet, 2017).

2. 2Fundusz zatrzymań

Zgodnie ze Słownikiem finansowym Farlex (2012 r.) zatrzymanie to kwota potrącona przez klienta i zatrzymana zgodnie z warunkami zamówienia sprzedaży do czasu zakończenia projektu zamówienia. Po zrealizowaniu zamówienia sprzedaży klient zwraca pieniądze zatrzymane dostawcy. Zatrzymanie jest to procent zysków spółki publicznej po opodatkowaniu, które nie są wypłacane w formie dywidend. Jednak większość zatrzymanych zysków jest reinwestowana w działalność spółki.

Fundusz retencyjny nie jest praktykowany głównie w rolnictwie. W pewnym stopniu jest to praktykowane w projektach budowlanych, jak twierdzi Gamage (2018), pieniądze retencyjne są jednym z popularnych terminów używanych w każdym projekcie budowlanym. Ogólnie rzecz biorąc, Retention Money zapewnia ochronę pracodawcy. Pieniądze zatrzymane dają wyobrażenie o tym, jak ważne jest ukończenie podpisanego projektu zgodnie z jego warunkami i projektami. Przy takim zatrzymaniu wykonawca bierze na siebie odpowiedzialność za wykonanie projektu budowlanego zgodnie z projektem i jakością określoną w pierwotnej umowie. Kwota retencji pieniędzy, limit retencji, zwolnienie retencji są jednymi z powszechnych warunków i rzeczy związanych z retencji każdego projektu budowlanego. Mimo, że kwota Retention Money może się różnić w zależności od umowy (ze względu na stosowane warunki umowy), terminy te mają takie samo znaczenie dla każdego projektu budowlanego na całym świecie.

2.3 Produkcja kukurydzy w więzieniach w Tanzanii

W skali globalnej kukurydza jest rośliną podstawową, która odgrywa ważną rolę w społeczeństwie ludzkim. Jest to główna roślina spożywcza uprawiana w gospodarstwach TPS i przyczyniająca się do diety więźniów (źródło). Według TPS (2015 r.), rzeczywiste zapotrzebowanie na karmienie więźniów i remandów w ciągu roku wynosi 8 027,50 ton kukurydzy, co odpowiada 23,7% zapotrzebowania na żywność dla więźniów. Od kilku lat TPS podejmuje działania mające na celu zwiększenie produkcji żywności, takie jak przyjęcie nowoczesnych technik rolniczych, tj. stosowanie herbicydów, stosowanie kwalifikowanego materiału siewnego i zatrudnianie profesjonalnej kadry rolniczej oraz doskonalenie narzędzi rolniczych. Pomimo poczynionych wysiłków, TPS stanął w obliczu wielu wyzwań, w tym ograniczeń finansowych, niedoboru maszyn rolniczych, przepisów ustawowych i wykonawczych oraz zmian klimatycznych.

Tabela 3 poniżej przedstawia tendencje w produkcji kukurydzy w latach 2010-2018. Zgodnie z tą tendencją świadczy to o tym, że plony kukurydzy i wielkość gospodarstw rolnych zwiększają się i zmniejszają w różnych latach. Oznacza to również, że wzrost wielkości gospodarstwa nie jest czynnikiem warunkującym wzrost produkcji. Na przykład w 2015 r. wielkość gospodarstwa wynosiła 1 286 ha, a plony kukurydzy 1 275 ton. W 2016 r. wielkość gospodarstwa wynosiła 924 ha, a plon kukurydzy 1 321 ton. Dlatego też w porównaniu wielkość gospodarstwa w roku 2015 była większa niż w roku 2016, podczas gdy plony w roku 2016 są większe niż w roku 2015.

Tabela 3: Tendencje w produkcji kukurydzy dla gospodarstw TPS od 2010 r. do 2018 r.

Rok	Wielkość gospodarstwa (ha)	Wydajność (w tonach)
2 010	1 771	2 546
2 011	1 897	2 190
2 012	1 603	1 720
2 013	1 306	1 629
2 014	1 078	1 446
2 015	1 286	1 275
2 016	924	1 321
2 017	1 167	1 778
2 018	1 415	2 110
Ogółem	**12 447**	**16 015**
Średnia	**1 383**	**1 779**

Źródło Siedziba główna TPS (2018 r.)

2.4 Czynniki wpływające na wydajność kukurydzy

Ntabakirabose (2017) na temat jego badań nad czynnikami wpływającymi na produktywność i wydajność kukurydzy w Rwandzie, w szczególności w dystrykcie Gatsibo; stwierdzono, że pięć czynników produkcji, takich jak wielkość terenu, ulepszone nasiona, nawóz organiczny, praca i nawozy chemiczne, ma pozytywny wpływ na produktywność kukurydzy. W związku z tym wydajność kukurydzy można zwiększyć poprzez poprawę stanu techniki, zwiększenie wydajności producentów i realokację zasobów. W badaniu przeanalizowano również wydajność techniczną, alokacyjną i ekonomiczną oraz czynniki, które wyjaśniają różnice w wydajności wśród rolników uprawiających kukurydzę w okręgu Gatsibo.

W swoich badaniach nad czynnikami wpływającymi na wzrost produktywności czynników produkcji kukurydzy w Nigerii, Hassan *i in.* (2014) ujawnili, że rozwój badań i rozwoju, wartość netto produkcji i pracy mają znaczący wpływ na wzrost produktywności czynników produkcji kukurydzy w kraju. W przeciwieństwie do tego, wzrost cen nawozów mógłby doprowadzić do spadku całkowitej produktywności czynników produkcji kukurydzy w kraju. Wyniki sugerują, że istnieje potrzeba zachęcania rolników do stosowania nowych lub ulepszonych technologii, ponieważ pomoże to, a nie przesunięcia granic produkcji rolników, a tym samym przyczyni się do zwiększenia wzrostu wydajności kukurydzy na wyższym poziomie. Zaleca się również, aby rozszerzając zakres badań i rozwoju, wartość netto produkcji i pracy mogła przyczynić się do zwiększenia wzrostu produktywności kukurydzy w kraju. Ceny czynników produkcji takich jak nawozy powinny stanowić część priorytetów polityki ze względu na ich odwrotny wpływ na wzrost produktywności kukurydzy w kraju.

2.5 Ramy teoretyczne

Ramy teoretyczne odnoszą się do teorii, że naukowiec decyduje się kierować nim w swoich badaniach. Tak więc ramy teoretyczne to zastosowanie teorii lub zestawu pojęć zaczerpniętych z jednej i tej samej teorii, aby przedstawić wyjaśnienie wydarzenia lub rzucić nieco światła na konkretne zjawisko lub problem badawczy (Imenda, 2014). Do celów niniejszego opracowania przyjęto teorię funkcji produkcji i rentowności, o ile dotyczy ona wydajności produkcji kukurydzy i wykorzystano Cobb Douglas Production do oszacowania zależności między nakładami a wynikami w badanych obszarach.

2.5.1 Funkcja produkcyjna

Według Gordona (2011), funkcja produkcyjna jest relacją, która wyjaśnia technologię firmy. Funkcja ta pokazuje związek między ograniczonymi zasobami a produkcją firmy. Jeśli chodzi o jedną firmę produkcyjną, funkcja produkcyjna jest bardzo prostą konstrukcją. Mówi nam o maksymalnej ilości określonej produkcji, która może być wyprodukowana przy użyciu różnych kombinacji wejść, biorąc pod uwagę pewną wiedzę techniczną. Możemy myśleć o funkcji produkcyjnej jako o funkcji transformacji, gdzie wejścia są przekształcane w produkty wyjściowe poprzez proces zarządzania. W większości rzeczywistych przypadków produkcyjnych istnieje wiele różnych rodzajów czynników produkcji, które mają zasadnicze znaczenie w procesie produkcyjnym.

Według Wang and Fu (2013), funkcje produkcyjne nie są funkcjami stałymi, które określają produkcję firmy, przemysłu lub całej gospodarki dla wszystkich kombinacji czynników produkcji. Ponadto prawie wszystkie teorie ekonomiczne zakładają funkcję produkcyjną, albo na poziomie przedsiębiorstwa, albo na poziomie zagregowanym. Dlatego też funkcja produkcyjna jest jedną z najbardziej kluczowych koncepcji głównego nurtu teorii neoklasycznych. Tak więc zakładając, że osiągnięta jest maksymalna produkcja technologicznie możliwa z danego zestawu nakładów, ekonomiści zawsze wykorzystywali funkcję produkcyjną w analizie, abstrahując od problemów inżynieryjnych i zarządczych nieodłącznie związanych z danym procesem produkcyjnym.

2.5.2 Teorie funkcji produkcyjnych

Punktem wyjścia teorii produkcji jest technologia produkcji firmy. Technologia ta opisuje zależność między wejściami i wyjściami. Ta zależność lub funkcja produkcyjna reguluje poziom produkcji. Wyjście jest funkcją wejść. W krótkiej perspektywie czasowej, zachowanie wyjścia jest regulowane przez poziomy nieproporcjonalnych zwrotów, przy czym niektóre wejścia są utrzymywane na stałym poziomie. W dłuższej perspektywie czasowej wejścia mogą ulec zmianie. W tym przypadku kluczowym pojęciem w teorii produkcji jest funkcja produkcyjna. Funkcja świata w matematyce wyraża związek pomiędzy zmiennymi zależnymi i niezależnymi (Rezepin i Mishina, 2017).

Według Wagle'a (2016) funkcja produkcyjna uwzględnia czynniki produkcji w procesie produkcyjnym i daje produkcję. W związku z tym funkcja produkcyjna jest procesem, za pomocą którego dane wejściowe są przekształcane na dane wyjściowe. Innymi słowy, funkcję produkcyjną definiuje się jako techniczną lub inżynieryjną zależność pomiędzy wejściami i wyjściami czynników produkcji. Matematycznie, jest on wyrażony jako:

$Q = f(K, L, M, N.... Z)$ .... (1)

W tym miejscu 'f' oznacza funkcjonalną relację pomiędzy produkcją, Q i innymi czynnikami produkcji, takimi jak kapitał, praca, ziemia, surowiec, energia, przedsiębiorca, technologia i tak dalej. Jednak we współczesnej ekonomii praca i kapitał są tylko dwoma dominującymi czynnikami produkcji. Dlatego ekonomiści przeoczają inne czynniki produkcji, tak aby z łatwością produkować podstawowe ramy ekonomiczne lub model ekonomiczny. W związku z tym użyteczna funkcja produkcyjna zostaje przywrócona do

$Q = f(K, L)$ .... (2)

Gdzie, oznaczenia oznaczają ich zwykłe znaczenie. Biorąc pod uwagę wartości K i L, określa się je jako zmienne egzogeniczne, tzn. ich wartości przyjmuje się jako podane. Mało prawdopodobne jest, że Q jest nazywane endogenicznym, tzn. że jego wartości zależą od innych zmiennych i zmieniają się w czasie. Ponadto funkcja produkcyjna reprezentuje również technologię produkcji.

2.5.3 Cobb Douglas Funkcja produkcyjna

Według Frasera (2002) funkcję produkcyjną Cobb-Douglas opracował ekonomista Paul Douglas i matematyk Charles Cobb. Jest to specyficzne standardowe równanie, które jest stosowane w celu opisania, ile produkcji globalnej wytworzonej w wyniku połączenia dwóch lub więcej czynników produkcji w procesie produkcyjnym. Funkcje produkcyjne Cobb-Douglas są powszechnie stosowane zarówno w modelach makroekonomicznych, jak i mikroekonomicznych, ponieważ posiadają szereg wygodnych i realistycznych właściwości.

Moffatt (2019) wyraził równanie dla wzoru produkcji Cobb-Douglas jako f(K,L) = bKaLc, gdzie K reprezentuje kapitał, L oznacza nakłady pracy, a, b, i c - stałe nieujemne. Jeśli a+c=1 ta funkcja produkcyjna ma stałe zwroty do skali i dlatego byłaby uważana za liniowo jednorodną. Ponieważ jest to przypadek standardowy, często pisze się (1-a) zamiast c. Należy również zauważyć, że technicznie funkcja produkcji Cobb-Douglas może mieć więcej niż dwa wejścia, a forma funkcjonalna, w tym przypadku, jest analogiczna do tego, co jest pokazane w równaniach.

2.6 Przegląd literatury empirycznej

2.6.1 Powrót do czynników produkcji

Czynniki produkcji obejmują ziemię, pracę, kapitał i przedsiębiorczość. Te czynniki produkcji są również interpretowane przez organizacje jako zarządzanie, maszyny, materiały i robocizna, technologia i wiedza do produkcji. W związku z tym wydajność może wzrosnąć, gdy dodamy więcej danych wejściowych lub wykorzystamy technologię lub innowacje w celu zwiększenia efektywności, z jaką przekształcamy dane wejściowe w dane wyjściowe. Następnie wzrost następuje, gdy produkcja wzrasta (Feldman *i in.*, 2016).

Według Ngurumwa (2016 r.), wyniki badania na temat wkładu produkcji kukurydzy dla małych gospodarstw domowych w bezpieczeństwo żywnościowe w dystrykcie Babati wskazują na niską produkcję kukurydzy, na którą wpływ miały różnice w charakterystyce społeczno-ekonomicznej gospodarstw domowych i wykorzystaniu środków produkcji w gospodarstwach domowych. Nawozy, a w szczególności obornik/nawóz organiczny, były to środki produkcji rolnej, które nie były wykorzystywane przez większość gospodarstw domowych pomimo ich wysokiej dostępności tylko ze względu na koszty transportu do gospodarstw. Słabe zarządzanie gospodarstwem rolnym w niektórych gospodarstwach domowych, takie jak późne odchwaszczanie, również przyczyniło się do niskiej produkcji kukurydzy, ponieważ wpłynęło to na jej wzrost. Pomimo tych wszystkich czynników, niewystarczające opady deszczu odegrały istotną rolę w zmniejszeniu produkcji kukurydzy. W związku z tym, o ile argumentowano, że niewystarczająca ilość opadów deszczu jest poważnym problemem, który prowadzi do niskiej wydajności kukurydzy. Problem ten stoi przed większością krajów rozwijających się ze względu na zależność od rolnictwa zasilanego deszczem. Chociaż niektóre kraje posiadają potencjalne źródła wody, takie jak rzeki i jeziora, to jednak nadal nie udało się zbudować infrastruktury nawadniającej jako lepszego sposobu na rozwiązanie takiego problemu.

Segun i Bamire (2017) w analizie kosztów i zwrotów do produkcji międzyplonów kukurydzy w stanie Oyo, Nigeria, ujawniły, że istotnymi składnikami całkowitych kosztów zmiennych były robocizna, środki agrochemiczne i nawozy nieorganiczne. Praca stanowiła najwyższy składnik całkowitych kosztów zmiennych, stanowiąc odpowiednio około 50% i 43% kosztów ponoszonych przez rolników i kobiety. Różnica w kosztach materiału nasadzeniowego (nasion) nie była statystycznie istotna. Występowały różnice w rankingu innych kosztów zmiennych ponoszonych zarówno przez respondentów, jak i przez kobiety. Dla rolników płci męskiej, nawozy nieorganiczne, materiał nasienny i inne środki produkcji rolnej, takie jak herbicydy i pestycydy, zostały sklasyfikowane obok pracy w porządku malejącym. Dla rolniczek kolejnością było sadzenie materiału siewnego, inne środki produkcji rolnej, takie jak herbicydy i pestycydy oraz nawozy nieorganiczne. Oznacza to, że podczas gdy zarówno rolnicy, jak i kobiety ponosili wysokie koszty pracy w związku z prowadzoną działalnością rolniczą, agrochemikalia stanowiły najmniejszą pozycję kosztów dla mężczyzn i nawozu nieorganicznego dla kobiet. Pozytywne wartości pokazały, że uprawa kukurydzy w stanie Oyo, Nigeria jest rzeczywiście dochodowym gospodarstwem rolnym.

Ponadto, Taru *et al.* (2012) w efektywności ekonomicznej produkcji kukurydzy w północnym obszarze administracyjnym Yola stanu Adamawa, Nigeria ujawniła, że współczynniki wielkości gospodarstw rolnych, nasion, pracy rodzin, herbicydu i nawozu były dodatnie, wskazując, że wzrost którejkolwiek ze zmiennych utrzymującej inne na stałym poziomie doprowadzi do wzrostu produkcji ogółem. Stwierdzono, że siła robocza najemna jest odwrotnie związana z produkcją, ale nie jest znacząca, co wskazuje, że wzrost liczby pracowników najemnych utrzymujących innych na stałym poziomie doprowadzi do zmniejszenia całkowitej produkcji. Wszystkie współczynniki regresji wykazywały oczekiwane oznaki z wyjątkiem pracy najemnej, co oznaczało, że wszystkie nakłady miały pozytywny wpływ na produkcję kukurydzy. Jednak wielkość gospodarstwa, nasiona i nawozy były znaczące w 1 procentach i 5 procentach. Oznaczało to, że wielkość gospodarstwa, nasiona i nawóz są wprost proporcjonalne do wydajności. Wysoki współczynnik determinacji wykazał, że zmienne niezależne wyjaśniają zmienną zależną.

Ponadto w badaniu szacowania poziomu technicznego efektywności gospodarstwa w produkcji kukurydzy na małą skalę w gminie Mfantseman w centralnym regionie Ghany przez Felix *et al.* (2011), wyniki wykazały, że istnieje 42% możliwość zwiększenia produkcji kukurydzy przy użyciu obecnych nakładów i technologii. Szacuje się, że wzrost plonu nasion o jeden procent zwiększy plon o 0,86%. Ponadto, jeden procentowy wzrost dawki nawozu zwiększa plon o 0,19%, podczas gdy wzrost pracy o jeden osobodni prawdopodobnie zwiększy plon o 0,44%. Wcześniej oczekiwano, że plony kukurydzy będą bardziej wrażliwe na wykorzystanie nasion niż praca. Statystyki opisowe pokazują średnią dawkę wysiewu wynoszącą 7,45 kg/akr, która to wartość jest bliska zalecanej 9 kg na akr. Niższa jest reakcja plonu na wzrost nawozu. Jednym z możliwych wyjaśnień jest prawdopodobnie to, że rolnicy uprawiający kukurydzę są bardzo racjonalni w stosowaniu nawozów i że żaden rolnik nie stosuje do 2 worków (100 kg) na hektar uprawy kukurydzy. Ponadto, kwestia złego terminu aplikacji nawozu może być kolejnym czynnikiem wpływającym na niską reaktywność plonu na nawóz.

2.7 Ramy koncepcyjne

Ramy koncepcyjne obejmują wszystkie terminologie związane ze zmiennymi w badaniach. Ma postać diagramu lub rysunku pokazującego, w jaki sposób różne zmienne współgrają ze sobą w osiąganiu celów badawczych lub konstruowanych pomysłów na rozwiązanie zidentyfikowanego problemu badawczego. Ramy koncepcyjne powinny określać każdą zmienną obecną w badaniach (Regoniel, 2015).

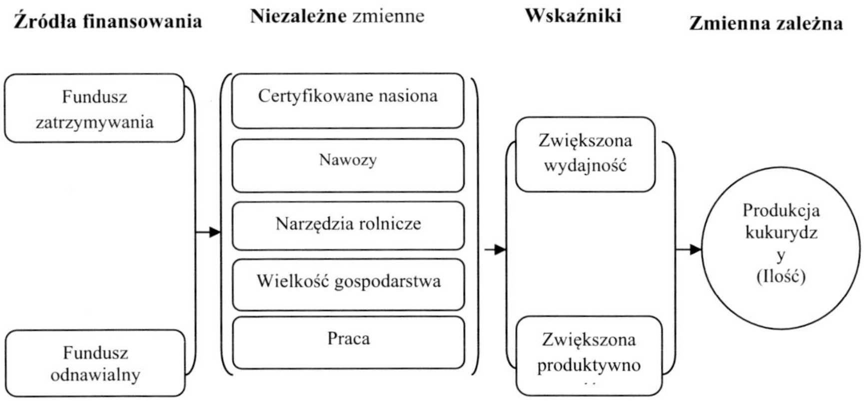

Rysunek 1: Ramy koncepcyjne

Zgodnie z ramami koncepcyjnymi (rys. 1) fundusze retencyjne i odnawialne są źródłami finansowania, które umożliwiają zakup środków produkcji rolnej, przede wszystkim nasion, nawozów i narzędzi rolniczych w gospodarstwach TPS. Określają one również wielkość gospodarstwa i koszty pracy w trakcie procesu produkcyjnego. Środki produkcji rolnej, wielkość gospodarstwa, opłaty z tytułu pracy są zmiennymi niezależnymi, które mają wpływ na zmienną zależną, tj. produkcję kukurydzy. Wydajność i wydajność kukurydzy oznacza wskaźniki produkcji kukurydzy, niezależnie od tego, czy jest ona rosnąca czy malejąca. Z drugiej strony warunki klimatyczne wpływają na produkcję kukurydzy w wyniku zawodnych opadów deszczu i suszy.

ROZDZIAŁ TRZYM

3.0 METODOLOGIA BADAWCZA

W niniejszym rozdziale przedstawiono metodologię zastosowaną w niniejszym opracowaniu. Obejmuje to informacje na temat lokalizacji badania, projektu badawczego, doboru próby i wielkości próby, zbierania danych, przetwarzania i analizy.

3.1Studiowanie Lokalizacja

Badania przeprowadzono w czterech zakładach karnych: Arusha (Arusha City) i Karanga (Region Kilimajaro) w strefie północnej oraz Songwe (Mbeya City) i Ngwala (Region Songwe) w strefie południowo-wyżynnej. Dwa z tych czterech gospodarstw rolnych działają w ramach funduszu retencyjnego (z centralnym budżetem rządowym), a pozostałe dwa w ramach funduszu odnawialnego (jedyny fundusz więzień Tanzania Prisons Corporation). Gospodarstwa Karanga i Ngwala działają w ramach funduszu retencyjnego, natomiast gospodarstwa Arusha i Songwe w ramach funduszu retencyjnego. W wybrane gospodarstwa rolne zaangażowane są te, które zajmują się produkcją kukurydzy, ponieważ jest ona podstawowym pożywieniem dla więźniów.

3.1.1 Gospodarstwo więzienne Arusha

Więzienna farma Arusha znajduje się 15 km na południowy wschód od centrum miasta Arusha wzdłuż autostrady Arusha - Dodoma na zboczach góry Meru w dzielnicy Arusha, w regionie Arusha. Jego łączna powierzchnia wynosi 327,2 ha i jest dostępna przez cały rok drogą lądową i powietrzną. Głównymi uprawami są kukurydza, fasola, słonecznik, słodkie ziemniaki, banany i uprawy ogrodnicze. Obszar ten nadaje się również do produkcji zwierzęcej. Obecnie istnieje stado 104 sztuk bydła mlecznego. Gleba jest żyzna, a opady deszczu są wiarygodne, ponieważ średnia roczna suma opadów w gospodarstwie wynosi od 1400 do 1600 mm (TPS, 2015).

3.1.2 Gospodarstwo więzienne Karanga

Gospodarstwo znajduje się w gminie Moshi w regionie Kilimandżaro. Znajduje się około 3 km na zachód od gminy Moshi, wzdłuż autostrady Moshi - Arusha. Na tym obszarze występują średnie roczne opady deszczu wynoszące od 800 do 2 000 mm przy żyznych glebach. Gospodarstwo zajmuje łączną powierzchnię 156,8 ha, z czego 80,8 ha jest ponownie wykorzystywane do produkcji roślinnej. Obecnie gospodarstwo zajmuje się uprawą kukurydzy podczas długiej pory deszczowej oraz uprawami ogrodniczymi, które zależą głównie od wody z pobliskiego źródła (TPS, 2015).

3.1.3 Farma więzienna Ngwala

Farma więzienna Ngwala znajduje się w dzielnicy Songwe w regionie Songwe około 240 km od Mbeya City przez centrum Mkwajuni i 300 km przez dzielnicę Chunya. Gospodarstwo ma łączną powierzchnię 1 953 ha, z czego 607 ha jest wykorzystywane do produkcji roślinnej, która zależy głównie od rolnictwa zasilanego deszczem. Gleba jest żyzna, a stan klimatyczny obszaru jest gorący. Głównymi uprawami są kukurydza, zielone warzywa i sady (TPS, 2015).

3.1.4 Gospodarstwo więzienne Songwe

Farma więzienna Songwe znajduje się w okręgu wiejskim Mbeya w regionie Mbeya około 35 km na południowy zachód od Mbeya City i siedem kilometrów od autostrady Mbeya-Tunduma. Projekt jest dostępny drogą i koleją przez cały rok; znajduje się w pobliżu Międzynarodowego Portu Lotniczego Mbeya. Gospodarstwo ma łączną powierzchnię 2 170 ha, z czego 607 ha wykorzystywane jest do produkcji roślinnej, głównie rolnictwo zasilane deszczem. Gleba jest żyzna dla różnych upraw, takich jak kukurydza, fasola i uprawy ogrodnicze. Warunki klimatyczne charakteryzują się okresami gorąca i zimna ze średnimi rocznymi opadami deszczu wynoszącymi 1000 mm (TPS, 2015).

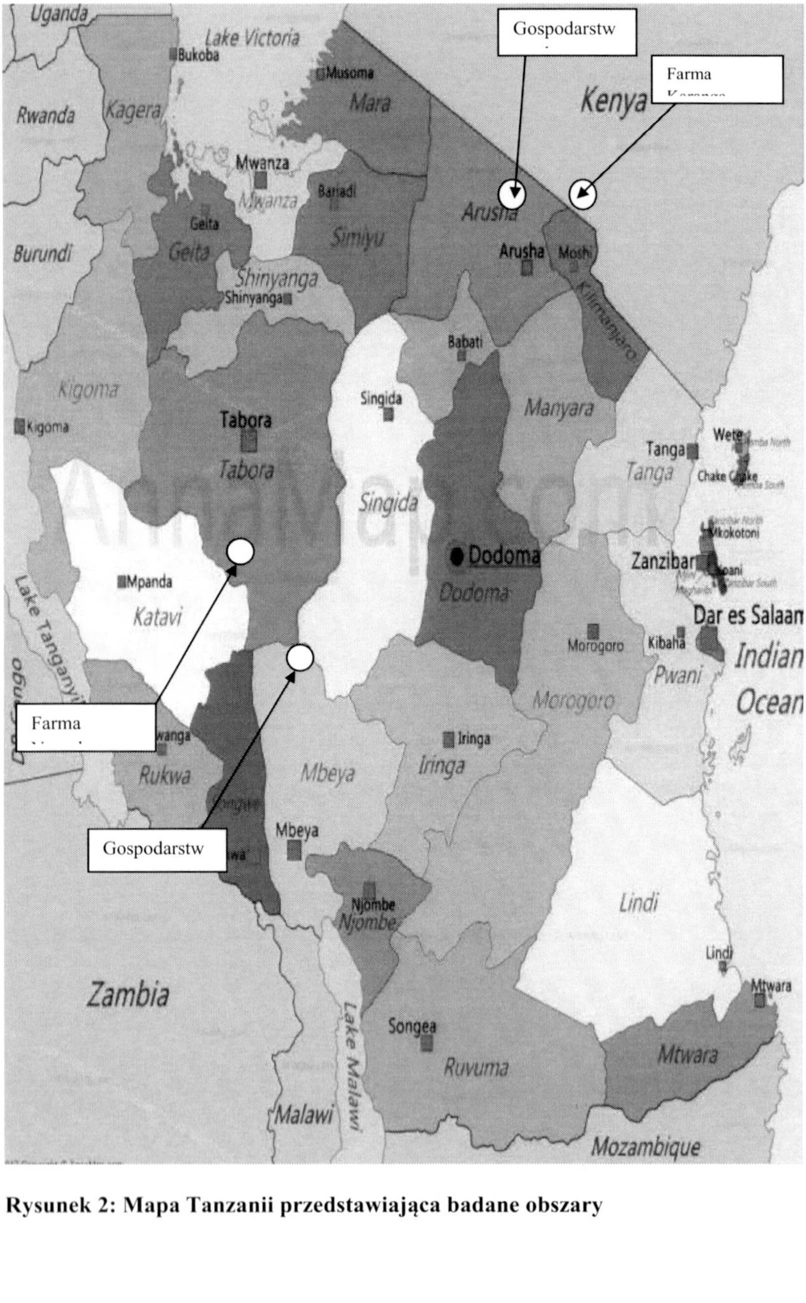

Rysunek 2: Mapa Tanzanii przedstawiająca badane obszary

3.2 Projektowanie badań

Badania są "dokładnym badaniem lub badaniem, szczególnie poprzez poszukiwanie nowych faktów w dowolnej gałęzi wiedzy". Definicja badania obejmuje definiowanie i redefiniowanie problemów, formułowanie hipotezy lub sugerowanych rozwiązań; zbieranie, porządkowanie i ocenianie danych; dokonywanie dedukcji i wyciąganie wniosków; i wreszcie dokładne testowanie wniosków w celu ustalenia, czy pasują one do formułującej hipotezy (Dominguez i Hollstein, 2014).

Do celów niniejszego opracowania wykorzystano projekt przekrojowy, ponieważ jest on jasny i pozwala na badanie dużej liczby zmiennych. Jest to również niedrogie i zajmuje mało czasu na prowadzenie. Bryman (2016) definiuje projektowanie przekrojowe jako badanie, które polega na przyjrzeniu się ludziom, którzy różnią się pod względem jednej kluczowej cechy w określonym czasie. Dane są zbierane w tym samym czasie od osób, które są podobne pod względem innych cech, ale różne pod względem kluczowego czynnika interesu, takiego jak wiek, poziom dochodów lub położenie geograficzne.

3.3 Procedura pobierania próbek i wielkość próbek

Technika celowego doboru próby (zwana również próbą osądu) jest świadomym wyborem uczestnika ze względu na jego cechy. Jest to technika nielosowa, która nie potrzebuje teorii leżących u podstaw lub określonej liczby uczestników. Mówiąc wprost, badacz decyduje, co należy wiedzieć i wyrusza w poszukiwaniu ludzi, którzy mogą i chcą przekazać informacje na podstawie wiedzy lub doświadczenia (Etikan *et al.* , 2016).

W badaniu zastosowano celową technikę doboru próby, ponieważ zależy ona w dużej mierze od danych wtórnych jako źródła informacji. W sumie TPS posiada 42 gospodarstwa rolne zlokalizowane w różnych regionach, z których 4 gospodarstwa zostały celowo wybrane losowo. Wybrane gospodarstwa rolne angażowały osoby zajmujące się produkcją kukurydzy w odniesieniu do niniejszego badania. Wybrane gospodarstwa to więzienna farma Karanga - Kilimandżaro, więzienna farma Arusha - Arusha, Songwe - Mbeya i farma więzienna Ngwala w regionie Songwe. Powód selekcji obejmuje obserwację różnic w produkcji między gospodarstwami prowadzonymi w ramach funduszu retencyjnego i funduszu odnawialnego w tych samych strefach. W celu uzyskania danych od kluczowych informatorów, w wybranych gospodarstwach przeprowadzono celowe pobieranie próbek od uczestników. Niektórzy urzędnicy ds. rozszerzeń TPS zostali również wybrani w celu zebrania dalszych informacji na podstawie wiedzy lub doświadczenia w roli kluczowych informatorów.

3.4 Gromadzenie danych

W badaniu wykorzystano dwa źródła danych, a mianowicie źródła wtórne i pierwotne.

3.4.1 Dane dodatkowe

Dane wtórne były głównym źródłem danych dla tego badania. Zebrane dane obejmują powierzchnię pod uprawę (ha), środki produkcji rolnej, koszty produkcji, plony kukurydzy i tendencje produkcyjne, które obejmowały 10 lat dla każdego gospodarstwa. Dane zbierano poprzez przeglądanie publikacji organizacyjnych, takich jak pliki, podręczniki i różne raporty.

3.4.2 Dane pierwotne

Dane pierwotne zostały zebrane w drodze wywiadu z kierownikami gospodarstwa jako kluczowymi informatorami. Zebrane informacje dotyczą: Wydajność kukurydzy, charakterystyka gruntów, praktyki rolnicze, stosowane maszyny i sprzęt rolniczy, źródło pracy, rynek produkowanej kukurydzy, obiekty magazynowe, wyzwania i sposoby ich rozwiązywania oraz inne aspekty bezpośrednio związane z produkcją rolną dla tych gospodarstw.

3.5 Przetwarzanie i analiza danych

Zebrane dane analizowano w różny sposób w zależności od celu badania, jak to przedstawiono w podrozdziale 3.5.1 do 3.5.3.

3.5.1 Cel pierwszy: Badanie produkcji kukurydzy w systemie retencyjnym i obrotowym s

Statystyki opisowe, w tym wykres użytkowania i środki porównawcze, zostały wykorzystane w celu zbadania produkcji kukurydzy w systemach obrotowych i retencyjnych.

3.5.1.1.1 Statystyki opisowe

Na potrzeby niniejszego opracowania wykorzystano statystyki opisowe do zbadania produkcji kukurydzy na badanych obszarach, gdzie tendencja produkcji w latach 2009-2018 została przedstawiona na wykresie w odniesieniu do wielkości gospodarstwa (ha) i plonu kukurydzy (tony). Według Lind *et al.* (2006) statystyki opisowe zostały wykorzystane do opisania ogólnego podsumowania zbioru danych. Zapewniają one wgląd w zestaw surowych informacji. Dzięki połączeniu statystyk opisowych i statystyk graficznych zrozumienie i interpretacja zbioru danych staje się dość łatwe dla czytelnika. Jaggi (2003) utrzymuje statystyki opisowe jako daną procedurę numeryczną i graficzną w celu jasnego podsumowania zbioru danych.

3.5.1.2 Porównywanie środków

Porównywalne środki wykorzystano również do zbadania produkcji kukurydzy pod względem wielkości gospodarstwa, testu wydajności kukurydzy, dochodów i zmiennych kosztów produkcji pomiędzy systemami finansowania retencyjnego i odnawialnego w badanych obszarach. Do badania środków i znaczenia produkcji kukurydzy w ramach systemów finansowania retencyjnego i odnawialnego, w których zastosowano test t - test i wartość p, zastosowano niezależny test próby t. W oparciu o badanie, próbki do badania dwóch prób t-testów, które zostały przetestowane, zostały pobrane z jednej populacji, która została losowo podzielona na dwie grupy, a mianowicie gospodarstwa rolne z funduszem odnawialnym i retencyjnym.

Zwykle stosowane są metody podejmowania decyzji o interpretacji danych wyjściowych z niezależnych próbek w oparciu o wartość P i przedział ufności, co daje więcej informacji niż zwykła wartość P. Na przykład wartość P dla równej różnicy t-testu wynosi p = 0,269. Ponieważ ta wartość p jest większa niż 0,05, należy podjąć decyzję, że nie ma znaczącej różnicy pomiędzy tymi dwiema grupami (Strother, 2017).

3.5.2 Cel drugi: Określenie powrotu do czynników produkcji kukurydzy w ramach systemu finansowania retencyjnego i retencyjnego.

W ramach tego celu wykorzystano analizę marży brutto (GM) do oceny opłacalności produkcji kukurydzy w ciągu trzech lat (2016-2018) w systemach finansowania retencyjnego i odnawialnego. Marże brutto produkcji kukurydzy uzyskano zatem poprzez odjęcie kosztów zmiennych od przychodów z kukurydzy w badanych obszarach. GRDC (2013) wyraża analizę marży brutto jako różnicę finansową pomiędzy zwrotami uzyskanymi ze sprzedaży produktów a kosztami zmiennymi związanymi z produkcją tych produktów. Anamayi *et al.* (2018) w konstruowaniu marż brutto, koszty stałe (ogólne) są ignorowane, ponieważ uważa się, że zostaną poniesione niezależnie od poziomu przedsiębiorstwa podjętego. W tym przypadku marża brutto jest stosowana przy założeniu, że koszty stałe są znikome. Według Akhilomen *et al.* (2015), model GM jest reprezentowany w równaniach 3 ana 4:

GM = TR - TVC ....(3)

TR = PQ ....(4)

Gdziekolwiek:

GM = marża brutto

TR = dochody ogółem

P = cena sprzedanego produktu

Q = ilość produktu

TVC = koszt zmienny ogółem

3.5.3 Cel trzeci: Określenie wpływu funduszy retencyjnych i obrotowych na produkcję kukurydzy.

W ramach tego celu zastosowano regresje liniowe, przy czym zaangażowane były dwie grupy zmiennych: plon kukurydzy jako zależne (Y) i wielkość gospodarstwa, koszty produkcji oraz atrapa źródeł finansowania (0=fundusz retencyjny i 1=fundusz odnawialny) jako niezależne (X) zmienne. Badacz skonstruował skalę trzech grup dla zależnego zmiennego plonu kukurydzy w następujący sposób:

i. Niska produkcja = 0 - 200 ton kukurydzy

ii. Średnia produkcja = 201 -400 ton kukurydzy

iii. Wysoka produkcja = 401-600 ton kukurydzy.

Zastosowany model równania regresji liniowej przedstawiono poniżej;

Y=βo+, β1X1 +, β2X2 +, β3X3 + μ

Gdziekolwiek;

Y =Zmienna zależna

βo = parametr stały,

$\beta 1$......... $\beta 3$ = współczynniki regresji niezależnych zmiennych

X= Niezależne zmienne

X1 = Źródło finansowania

X2 = Wielkość gospodarstwa (ha)

X3 = Koszt produkcji kukurydzy (Tsh)

μ = termin "zakłócenie".

Założenia oparte na tej analizie mają pozytywny wpływ na plony kukurydzy w gospodarstwach objętych systemem funduszy odnawialnych, ponieważ są one w stanie zakupić wymagane środki w odpowiednim czasie, w przeciwieństwie do gospodarstw objętych systemem funduszy retencyjnych.

3.6 Ograniczenia badania

i. Położenie jednego gospodarstwa, a mianowicie Ngwala, jest bardzo odległe, warunki drogowe są bardzo trudne; i nie ma transportu publicznego w taki sposób, że naukowiec miał trudności z dotarciem do tego obszaru. Jednak niezależnie od tych wyzwań, naukowcowi udało się tam dotrzeć dzięki pomocy samochodu służbowego regionalnego oficera ds. więziennictwa (RPO) i zebrał wszystkie niezbędne informacje potrzebne do przeprowadzenia tego badania.

ii. Ponadto dane dotyczące opłat za pracę nie były dostępne na badanych obszarach ze względu na fakt, że w dużym stopniu zależą one od siły roboczej więźniów. Aby jednak rozwiązać ten problem, badacz obliczył opłatę za pracę, uwzględniając cenę rynkową odpowiadającą kosztowi pracy za hektar na badanym obszarze.

ROZDZIAŁ FOUR

4,0 WYNIKI I ROZPROSZENIE

W niniejszym rozdziale przedstawiono główne wyniki badań i ich prawdopodobny wpływ na produkcję kukurydzy w zakładach karnych Karanga, Arusha, Ngwala i Songwe". Przedstawiono statystyki opisowe, wykresy i środki porównawcze w celu zbadania produkcji kukurydzy w systemach obrotowych i retencyjnych. Wyniki analizy marży brutto służą do określenia powrotu do czynników produkcji kukurydzy w systemach retencyjnych i retencyjnych, a następnie przedstawiono analizę regresji liniowej w celu określenia czynników wpływających na retencję i fundusze retencyjne na wydajność kukurydzy.

4.1 Badanie produkcji kukurydzy w ramach systemufunduszy odnawialnych i retencyjnych s

Wykres przedstawiający tendencje w produkcji kukurydzy i środki porównawcze zostały wykorzystane do zbadania produkcji kukurydzy w ramach systemów finansowania retencyjnego i odnawialnego.

4.1.1 Tendencje w produkcji kukurydzy w ramach funduszu odnawialnego i retencyjnego na lata 2009-2018

Rysunek 3 pokazuje, że maksymalna produkcja kukurydzy w roku 2012 wynosiła 610,4 tony w ramach funduszy odnawialnych, a minimalna 51,5 tony gospodarstw retencyjnych w roku 2016. Maksymalna wielkość gospodarstwa rolnego i minimum wynosiły 389,2 ha w roku 2011 w ramach funduszu odnawialnego i 72 ha w 2018 r. w ramach funduszu retencyjnego.

Rysunek 3 pokazuje również, że istnieją pewne różnice w produkcji kukurydzy w latach 2009-2018. Różnice polegały na wzroście i spadku produkcji kukurydzy oraz wielkości gospodarstw rolnych w różnych latach. Wyniki wykazały, że wzrost wielkości gospodarstwa nie jest determinantem produkcji kukurydzy. Na przykład w ramach funduszu odnawialnego gospodarstwa rolne, produkcja kukurydzy i wielkość gospodarstwa w 2012 r. wynosiły odpowiednio 610,4 tony i 221,6 ha, podczas gdy w latach 2009-2011 odpowiednio 341,4, 449,5, 524,5 tony i 241,2, 297,2, 389,2 ha. Oznacza to, że produkcja kukurydzy w roku 2012 jest większa niż w latach 2009-2011, chociaż w latach 2009-2011 wielkość gospodarstw rolnych była większa niż w roku 2012. W przypadku gospodarstw objętych funduszem odnawialnym wielkość gospodarstwa była stała w latach 2010-2012, czyli 168 ha na wszystkie trzy lata, ale produkcja kukurydzy zmieniała się co roku, tj. 297,6 I 2010 r., 276,8 w 2011 r. i 179,6 w 2012 r. Również w 2009 r. wielkość gospodarstwa i produkcja kukurydzy wynosiły odpowiednio 120 ha i 121,6 tony, podczas gdy w 2014 r. odpowiednio 88 ha i 132,3 tony. Wszystkie te fakty wskazują, że wielkość gospodarstwa nie jest wyznacznikiem produkcji kukurydzy. Dlatego jasne jest, że oprócz wielkości gospodarstwa istnieją inne czynniki determinujące produkcję kukurydzy.

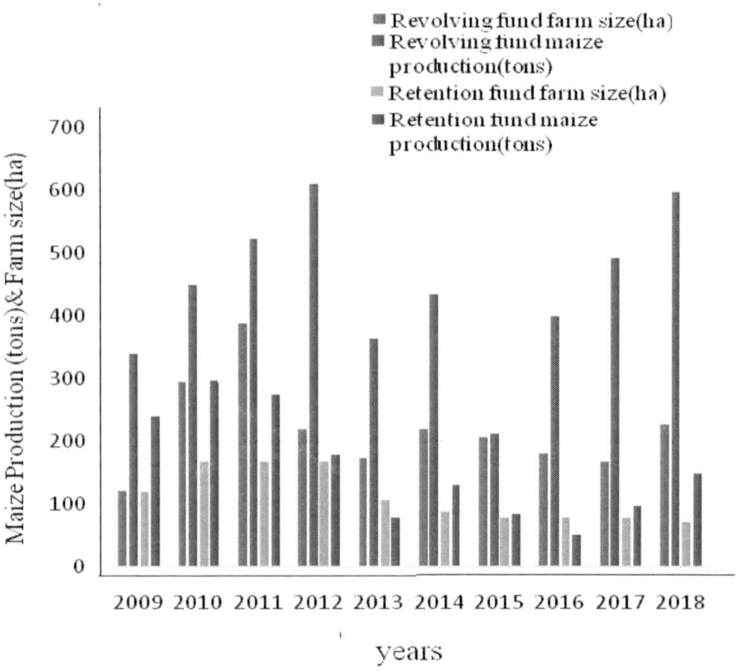

Rysunek 3: Tendencje w produkcji kukurydzy w ramach funduszu odnawialnego i retencyjnego na lata 2009-2018

4.1.2 Porównanie systemów finansowania odnawialnego i zatrzymywania środków finansowych

Zebrane dane zostały przeanalizowane w celu porównania średnich wielkości gospodarstwa, plonów kukurydzy, przychodów i kosztów produkcji pomiędzy gospodarstwami w ramach funduszu odnawialnego i funduszu retencyjnego w ramach celu, w którym zastosowano niezależny test próby t-test.

4.1.2. 1Rozmiar gospodarstwa rolnego

W tabeli 4 poniżej pokazano, że średnia powierzchnia użytków rolnych uprawianych w ramach funduszu odnawialnego na badanych obszarach wyniosła 116,42 przy odchyleniu standardowym 88,90, które jest większe niż 56,60 ha przy odchyleniu standardowym 28,35 gospodarstw funduszu retencyjnego. Wartość t wynosi (2,87), podczas gdy wartość p wynosi (0,009), co jest wartością mniejszą niż poziom alfa 0,05 (P < 0,05). W tym przypadku hipoteza zerowa powinna zostać odrzucona, a hipoteza alternatywna zaakceptowana, co oznacza, że istnieje statystycznie istotna różnica pomiędzy wielkością gospodarstw rolnych zajmujących się obrotem i gospodarstw zajmujących się retencją na poziomie 1 procent.

Tabela 4: Wyniki porównania środków w odniesieniu do wielkości gospodarstwa, kosztów produkcji, wydajności i dochodów z kukurydzy

Zmienne	**Źródło finansowania**	**Wredny....**	**Choroba weneryczna. Odstępstwo**	**wartość t**	**Wartość P**
Wielkość gospodarstwa	Zatrzymanie	56.6	28.3519	2.867	0.009***
	Obracanie	116.4	88.90		
Wydajność kukurydzy/ha	Zatrzymanie	1.3	.68	1.981	0.055**
	Obracanie	1.9	1.19		
Dochody/ha	Zatrzymanie	99 0841.0	1 023 764.74	2.319	0.026**
	Obracanie	1 934 225.5	1 503 897.50		
Koszt produkcji/ha	Zatrzymanie	649 486.6	423 827.00	2.959	0.005***
	Obracanie	1 014 271.8	352 634.38		

***Znacząca przy 1 % **znacząca przy 5 % **znacząca przy 5 %.

4.1.2.2 Koszt produkcji na hektar

Wyniki przedstawione w tabeli 4 wskazują, że średnie koszty produkcji Tsh.1 024, 271,00 zostały poniesione na produkcję kukurydzy na hektar z odchyleniem standardowym wynoszącym 352 634,38 w ramach funduszy odnawialnych. To jest większe niż Tsh. 649 486,63 z odchyleniem standardowym 423 827,00, które zostało poniesione w gospodarstwach objętych funduszem przetrzymywania. Wartość t wynosi 2,96, podczas gdy wartość p wynosi 0,005, czyli mniej niż poziom alfa 0,05, (P < 0,05). W tym przypadku hipoteza zerowa powinna zostać odrzucona, co oznacza, że istnieje statystycznie istotna różnica między kosztami produkcji kukurydzy w ramach gospodarstw zajmujących się obrotem i utrzymaniem na poziomie 1 %.

4.1.2.3 Wydajność kukurydzy z hektara

Wyniki przedstawione w tabeli 4 powyżej wskazują, że średni plon kukurydzy z hektara wyprodukowanego w ramach funduszu odnawialnego na badanym obszarze wynosił 1,9 t/ha przy odchyleniu standardowym 1,2, co przekracza 1,3 t/ha przy odchyleniu standardowym 0,7 uzyskanym z funduszu retencyjnego. Wartość t wynosi 1,98, a wartość p wynosi 0,055, czyli więcej niż poziom alfa 0,05 ($P > 0,05$). W tym przypadku należy przyjąć hipotezę zerową, z której wynika, że nie ma statystycznie istotnej różnicy między plonem kukurydzy z hektara zebranego w ramach gospodarstw objętych funduszem odnawialnym i retencyjnym na poziomie 10 %. Ullah *et al.* (2011) w analizie opłacalności produkcji kukurydzy w okręgu Czaradda; wykazano, że średni plon hybrydowych odmian kukurydzy na badanym obszarze wynosił 2 384,4 kg/akr przy odchyleniu standardowym 228,58, podczas gdy średni plon konwencjonalnych odmian kukurydzy wynosił 901,33 kg z odchyleniem standardowym 79,90. Z wartości t (41,30) wynika, że istnieje statystycznie istotna różnica pomiędzy średnim plonem odmian hybrydowych i konwencjonalnych kukurydzy, o czym świadczy wartość p, że wyniki są znaczące na poziomie 5 procent.

4.1.2.4 Dochód na hektar

Wyniki przedstawione w tabeli 4 powyżej wskazują, że średni dochód uzyskany z produkcji kukurydzy w ramach funduszy odnawialnych na badanym obszarze wynosił Tsh.1 934 225,50/ha przy odchyleniu standardowym 1 023 764,70, co jest większe niż Tsh . 649 486,60/ha z odchyleniem standardowym wynoszącym 352 634,40 % wartości uzyskanych z gospodarstw objętych funduszem retencyjnym. Wartość t jest (2,32), podczas gdy wartość p jest (0,026), która jest mniejsza niż poziom alfa 0,05 ($P < 0,05$), zatem hipoteza zerowa powinna zostać odrzucona, co oznacza, że istnieje statystycznie istotna różnica pomiędzy dochodami uzyskiwanymi przez gospodarstwa odnawialne i retencyjne na poziomie 5 procent.

4.3Wracanie do czynników produkcji kukurydzy w ramach systemu retencyjnego i retencyjnego

Analizę marży brutto obliczono w celu określenia opłacalności produkcji kukurydzy w ramach systemów finansowania retencyjnego i retencyjnego w badanych obszarach. Na tej podstawie uwzględniono łączne koszty zmienne i łączne przychody na hektar w trzech sezonach: 2016, 2017 i 2018. Całkowite koszty zmienne, które zostały założone w obszarach badań, obejmowały koszty nawozów, robocizny, certyfikowanych nasion, oleju napędowego oraz materiałów do zbioru i pakowania. Mutambara *w El.* (2013) zapewnił, że całkowity dochód (TI) został porównany z całkowitym kosztem zmiennym (TVC) w ramach alternatywnych opcji zwalczania chwastów, aby zapewnić marżę brutto, która będzie stanowić przewodnik po najbardziej pożądanych opcjach. Pozytywny margines będzie oznaczał, że działalność jest rentowna, a ujemny margines oznacza działalność nierentowną.

4.3.1 Marża brutto produkcji kukurydzy na obszarach badań

Wyniki przedstawione w tabeli 5 poniżej pokazują, że produkcja kukurydzy jest rentowna w gospodarstwach Karanga, Arusha i Songwe, ponieważ ich całkowite przychody są wyższe niż całkowite koszty zmienne z dodatnią marżą brutto, podczas gdy w gospodarstwie Ngwala nie są rentowne, podczas gdy całkowite przychody są niższe niż całkowite koszty zmienne z ujemną marżą brutto. Abdulsaleem i Kolawole (2017) w analizie kosztów i zwrotów z produkcji kukurydzy wśród drobnych rolników w stanie Osun Nigeria i ustalili, że średnie całkowite koszty zmienne poniesione na produkcję kukurydzy w obszarze objętym badaniem wynosiły Naira (N) 366 494,57, podczas gdy całkowity dochód wynosił N 1 004 959,79. W związku z tym marża brutto (GM) wyniosła N 638 465,22. Ta pozytywna wartość wskazuje, że uprawa kukurydzy w Osun jest rzeczywiście dochodowym gospodarstwem rolnym.

Tabela 5: Marża brutto produkcji kukurydzy w badanych obszarach

S/No	Zmienne	Karanga Wartość Tsh.	Arusza Wartość Tsh.	Ngwala Wartość Tsh.	Songwe Wartość Tsh.
1	Dochody ogółem (TR/ha)	**2 338 860.00**	**2 404 865.00**	**306 500.00**	**1 255 23.00**
2	Wejście				
	i. Nasiona	296 033.33	489 250.00	32 595.00	130 383.00
	ii.Nawóz	311 916.67	360 753.00	41 487.00	176 690.00
	iii. Olej napędowy	187 500.00	225 000.00	104 183.00	136 823.00
3	Opłata za pracę	484 770.00	523 913.00	279 583.00	279 142.00
4	Zbiór i materiały opakowaniowe	180 550.00	127 608.00	38 833.00	74 565.00
5	Koszty zmienne ogółem (TVC/Ha)=2+3+4	**1 460 770.00**	**1 726 524.00**	**496 682.00**	**797 603.00**
6	Marża brutto (GM= TR-TVC)	**45 060.00**	**678 341.00**	**-190 182.00**	**457 720.00**

4.3.2 Marża brutto produkcji kukurydzy w ramach gospodarstw rolnych korzystających z funduszu odnawialnego i funduszu retencyjnego

Wyniki przedstawione w tabeli 6 pokazują, że produkcja kukurydzy w ramach funduszy odnawialnych była rentowna z marżą brutto Tsh. 1 136 061/ha wynikało z całkowitych dochodów Tsh. 3660 188/ha i całkowity koszt zmienny Tsh. 2 524 127/ha. Największy udział w całkowitych kosztach zmiennych miała praca - 31,8%, następnie nasiona stanowiły 24,6%, nawóz 21,3%, olej napędowy 14,3%, a najniższy udział w całkowitych kosztach zmiennych - 8%. Wartość 69% została odnotowana jako wskaźnik kosztów operacyjnych produkcji kukurydzy, co oznacza, że około 69% przychodów ogółem jest wykorzystywane na pokrycie kosztów operacyjnych. Ustalenia te różnią się od ustaleń Biye *et al.* (2017 r.), określając techniczną wydajność produkcji orzeszków ziemnych w stanie Bauchi, Nigeria stwierdziła, że produkcja orzeszków ziemnych na tym obszarze jest opłacalna, przy marży brutto Nigerii Naira 23 346 470,43, całkowity odnotowany dochód to Nigeria Naira 57 983 167,48, podczas gdy całkowite koszty zmienne to Nigeria Naira 34 636 695,85.

Tabela 6: Marża brutto produkcji kukurydzy w ramach systemów finansowania rewolwingowego i retencyjnego

S/No	Zmienne	Gospodarstwa funduszy odnawialnych		Gospodarstwa rolne objęte funduszem przetrzymywania zwierząt	
		Wartość (Tsh.)	Procent	Wartość (Tsh.)	Procent
1	Dochody ogółem (TR/ha)	**3,660,188.00**		**2,645,360.00**	
2	Wejście				
	i. Nasiona	619,633.00	24.60	328,628.00	16.8
	ii.Ferilizator	537,443.00	21.30	353,403.00	18.1
	iii. Olej napędowy	361,823.00	14.30	291,683.00	14.9
3	Opłata za pracę	803,055.00	31.80	764,353.00	39
4	Zbiór i materiały opakowaniowe	202,173.00	8.00	219,383.00	11.2
5	Koszty zmienne ogółem (TVC/ha)=2+3+4	**2,524,127.00**		**1,957,450.00**	100
6	Marża brutto (GM= TR-TVC)	**1,136,061.00**		**687,910.00**	
7	Wskaźnik kosztów operacyjnych (TVC/TR*100)		69		74

Wyniki przedstawione w tabeli 6 pokazują również, że całkowite dochody wyniosły Tsh. 2 645 360/ha, podczas gdy całkowity koszt zmienny wynosił Tsh. 1 957 450/ha z marżą brutto Tsh. 687 910/ha hektar w ramach gospodarstw rolnych objętych funduszem retencyjnym. Największy udział pracy (39%) odnotowała praca, a następnie nawóz (18,1%). Materiał siewny składał się z 16,8%, a następnie 14,9% oleju napędowego, podczas gdy zbiór i materiały opakowaniowe miały najniższy udział 11,2% całkowitych kosztów zmiennych w badanym obszarze. Wskaźnik kosztów operacyjnych osiągnął wartość 74%, co oznacza , że około 74% przychodów ogółem wykorzystano na pokrycie kosztów operacyjnych. W związku z tym ustalenia dowodzą, że produkcja kukurydzy jest opłacalna, ponieważ łączne przychody są wyższe niż całkowite koszty zmienne z dodatnią marżą brutto.

Ogólnie rzecz biorąc, analiza marży brutto pokazuje różnicę między gospodarstwami w ramach funduszu rewolwingowego a gospodarstwami w ramach funduszu retencyjnego. Wyniki pokazują, że gospodarstwa działające w ramach funduszu odnawialnego są bardziej rentowne niż gospodarstwa działające w ramach funduszu retencyjnego. Według kluczowych informatorów istniało kilka ograniczeń, które wiązały się z całym procesem produkcji kukurydzy. Są to: niekorzystne warunki klimatyczne, szkodniki i zarażenie chorobami oraz brak siły roboczej. Najczęstszym ograniczeniem produkcji kukurydzy w obszarze objętym badaniem są niewystarczające środki finansowe, które ograniczają możliwość zakupu niezbędnych środków produkcji we właściwym czasie. Ograniczenie to dotyczy głównie tych gospodarstw rolnych, które działają w ramach funduszy retencyjnych.

4.4 Wpływ funduszy zatrzymanych i obrotowych na produkcję kukurydzy

Wielokrotna analiza regresji liniowej posłużyła do ustalenia zależności pomiędzy niezależnymi zmiennymi, a mianowicie źródłem funduszu, kosztem produkcji i wielkością gospodarstwa oraz zmienną zależną, jaką był plon kukurydzy. Powodem była analiza wpływu funduszu retencyjnego i obrotowego na produkcję kukurydzy na obszarach badań.

Wyniki przedstawione w tabeli 7 pokazują, że korelacja współczynników pomiędzy zmiennymi zależnymi i zmiennymi niezależnymi, przy czym R = 0,890 sugeruje, że zmienne niezależne były silnie dodatnio skorelowane ze zmienną zależną. Współczynnik oznaczalności R2 (0,79) oznacza, że zawarte w modelu niezależne zmienne będące źródłem funduszu, kosztów produkcji i wielkości gospodarstwa były w stanie wyjaśnić 79% obserwowanej zmienności wariancji zmiennej zależnej, tj. plonu kukurydzy.

Tabela 7: Wyniki regresji liniowej w odniesieniu do wpływu funduszy retencyjnych i obrotowych na produkcję kukurydzy

Zmienne	Współczynniki	Std pomyłka	t – wartość	P-Wartość	95,0% Zaufanie Przedział ufności dla B	
					Dolna granica	Górna granica
Źródło finansowania	-0.073	0.120	-0.737	0.466	-.331	.154
Wielkość gospodarstwa	0.600	0.000	6.031	0.000***	.002	.004
Koszty produkcji	0.328	0.000	2.806	0.008**	.000	.000

R2=0,79, ***znaczący przy 1 % **znaczący przy 5 %.

Wyniki przedstawione w tabeli 7 pokazują również, że koszt produkcji ma pozytywny wpływ na plon kukurydzy na poziomie 5 procent istotnego poziomu. Oznacza to, że wzrost kosztów produkcji o jedno Tsh. prowadzi do wzrostu plonów kukurydzy o 33%, jeżeli skutki innych zmiennych zależnych są utrzymywane na stałym poziomie.

Przedstawione wyniki wykazały również, że wielkość gospodarstwa (ha) miała istotny pozytywny wpływ na plon kukurydzy na poziomie jednego procenta istotnego poziomu. Oznacza to, że wzrost w jednej jednostce (ha) prowadzi do zwiększenia plonów kukurydzy o 60%, jeśli efekty innych prognoz są utrzymywane na stałym poziomie.

Zgodnie z wynikami źródła finansowania (manekin, 0 dla funduszu retencyjnego i 1 dla funduszu rewolwingowego) zmienna, która ma negatywny wpływ na plon kukurydzy i nie jest statystycznie istotna oraz hipoteza zerowa, że system finansowania retencyjnego i retencyjnego nie wpływa na produkcję kukurydzy w zakładach karnych w Tanzanii jest akceptowana, a alternatywna hipoteza, że system finansowania rewolwingowego i retencyjnego wpływa na produkcję kukurydzy w zakładach karnych w Tanzanii w wartości p (0,466), która jest większa niż 0,05.

ROZDZIAŁ 5

5.0 WNIOSKI I ZALECENIA

W niniejszym rozdziale przedstawiono wnioski i zalecenia oparte na celach i ustaleniach badania.

5.1 Wniosek

Ogólnym celem badania była ocena i porównanie wyników funduszu retencyjnego i rewolwingowego w gospodarstwach Służby Więziennictwa w Tanzanii, w szczególności w zakresie produkcji kukurydzy. Poprzez liniowy model regresji badanie wykazało, że fundusz retencyjny i obrotowy nie mają wpływu na produkcję kukurydzy w gospodarstwach więziennych w Tanzanii. W oparciu o kwadrat R (0,793) istnieją wystarczające dowody, aby odrzucić alternatywną hipotezę, że system finansowania retencyjnego i obrotowego ma wpływ na produkcję kukurydzy na farmach więziennych w Tanzanii.

Od celu numer jeden, poprzez statystyki opisowe, w badaniu stwierdza się, że we wszystkich dziesięciu latach, tj. 2009-2018, wielkość gospodarstwa rolnego i plony kukurydzy były większe w ramach funduszy odnawialnych niż w ramach funduszu przetrzymywania ze względu na charakter funduszu produkcji pomiędzy tymi dwoma systemami. Zarówno gospodarstwa rolne objęte funduszem odnawialnym, jak i retencyjnym napotkały szereg ograniczeń, takich jak brak maszyn rolniczych i zmiany warunków klimatycznych. Z wyników porównania środków wynika, że średnie wielkości gospodarstw rolnych, plony kukurydzy, przychody i koszty produkcji gospodarstw w ramach funduszu odnawialnego są wyższe niż w przypadku gospodarstw w ramach funduszu retencyjnego. Stwierdzono również, że istnieją znaczne różnice w wielkości gospodarstwa na hektar, kosztach produkcji/ha i przychodach na hektar pomiędzy systemami finansowania retencyjnego i odnawialnego.

Z drugiego celu wynika, że przy dodatniej marży brutto na hektar w ciągu ostatnich trzech lat, produkcja kukurydzy jest opłacalna dla wszystkich gospodarstw w ramach systemów finansowania retencyjnego i retencyjnego na badanych obszarach, chociaż marża brutto gospodarstw w ramach systemu funduszu retencyjnego jest większa niż w przypadku gospodarstw objętych funduszem retencyjnym. W związku z tym produkcja kukurydzy w ramach funduszy rewolwingowych jest bardziej opłacalna niż produkcja w ramach funduszy retencyjnych. Ponadto, w oparciu o gospodarstwa indywidualne, marże brutto trzech gospodarstw: Arusha i Songwe w ramach systemu finansowania rewolwingowego oraz Karanga w ramach systemu finansowania retencyjnego są dodatnie, co oznacza rentowność produkcji kukurydzy. Jednak marża brutto gospodarstwa Ngwala nie była rentowna, ponieważ była ujemna, co oznacza, że koszty zmienne były wyższe od przychodów.

Ponadto wniosek z celu trzeciego jest taki, że wielkość gospodarstwa i koszty produkcji mają pozytywny wpływ na plon kukurydzy na poziomie pięciu procent znaczącego poziomu, co oznacza wzrost jednej jednostki wielkości gospodarstwa (ha), a koszt produkcji (Tsh) prowadzi do wzrostu plonu kukurydzy, jeżeli inne zmienne zależne są utrzymane na stałym poziomie.

5.2 Zalecenia

W świetle powyższych rozważań i wniosków, w analizie zaleca się, co następuje:

i. TPS powinien przyjąć system funduszu odnawialnego w większości gospodarstw rolnych, który umożliwia zakup niezbędnych środków produkcji, takich jak nasiona, nawozy, herbicydy i środki owadobójcze po prawej stronie, w celu poprawy produkcji kukurydzy i innych upraw.

ii. TPS powinien wdrożyć system monitorowania i oceny, tak aby zrozumieć źródło ujemnej marży brutto dla niektórych gospodarstw w ramach systemu funduszu przetrzymywania ustanowionego w zakładzie karnym w Ngwala.

iii. System płatności jednolitej powinien poprawić przekazywanie środków z funduszu produkcji, w szczególności gospodarstwom objętym systemem funduszu przetrzymywania, aby pokryć koszty produkcji w odpowiednim czasie, a tym samym zwiększyć wielkość gospodarstwa.

REFERENCJE

Abdulaleem, M. A., Oluwatusin, F. M. i Kolawole, A. O. (2017). Analiza kosztów i zwrotu produkcji kukurydzy synów wśród drobnych rolników w Osun State Nigeria. *Kształcenie dorosłych* 26: 14 - 24.

Adegey, A.J. i Dittoh, J.S. (1982). *Podstawy ekonomii rolnictwa.* Center for Agricultural and Rural Development University of Ibadan, Nigeria. 148pp.

Akhilomen, L. O., Bivan, G. M., Rahman, S. A. i Sanni, S. A. (2015). Analiza rentowności i postrzeganych ograniczeń produkcji ananasów przez rolników w stanie Edo w Nigerii. *American Journal of Experimental Agriculture* 5(6): 546 - 554.

Anamayi, S.E., Anamayi, R.M., Adelani, D.O. i Lyock, S.W.J. (2018). Analiza marży brutto produkcji trzciny cukrowej w średniej skali w wybranych stanach południowo-zachodniej strefy Nigerii. *Dziennik Nauk Humanistycznych i Społecznych* 23: 36 - 42.

Bank of Tanzania (2018). *Sprawozdanie roczne 2017/2018, Dodoma.* Bank of Tanzania, Dar es Salaam 240pp.

Biye, S. U., Jongur, A. A. U. i Haruna, L. (2017). Określenie efektywności technicznej produkcji orzeszków ziemnych w stanie Bauchi, Nigeria. *Trendy w dziedzinie nauki i techniki, Dziennik* 2(1): 313 - 316.

Bossuet, J. (2017). *Fundusz odnawialny na ziarno napędza odrodzenie orzecha ziemnego Malawiego.* International Crops Research Institute for Semi-Arid Tropics, Washington USA. 4pp.

Bryman, A. (2016). *Metody badań społecznych.* Oxford University Press, UK. 784pp.

Campbell, R. (2012). Słownik finansowy. [https://financial-dictionary.Thefreedicti onary.com/ financial] strona odwiedzona 3/8/2018.

Domínguez, S. i Hollstein, B. (2014). *Metody mieszane - badania sieci społecznych: Projektowanie i zastosowania.* Cambridge University Press, Nowy Jork. 36pp.

Etikan, I., Musa, S. A. i Alkassim, R. S. (2016). Porównanie wygodnego pobierania próbek i celowego pobierania próbek. *American Journal of Theoretical and Applied Statistics* 5(1): 1-41.

Feldman, M., Hadjimichael, T., Lanahan, L. i Kemeny, T. (2016). Logika rozwoju gospodarczego: Definicja i model inwestycji. *Środowisko i planowanie* 34(1): 5 - 21.

Felix, L. E., Asiamah, M. T. i Nimoh, F. (2011). Oszacowanie poziomu efektywności technicznej gospodarstw rolnych w produkcji kukurydzy na małą skalę w gminie Mfantseman w centralnym regionie Ghany. *Journal of Development and Agricultural Economics* 3(14): 645 - 654.

Fraser, I. (2002). Funkcja produkcji cobb-douglas: obrona antypodeanowa. *Kwestie ekonomiczne* 7(1): 39 - 58.

Uszkodzenie, A. (2018). Co to są pieniądze retencyjne w kontraktach budowlanych. [https://the contractsengineer.com/author/amila-wickramarachchi] strona odwiedzona 20/3/2019 r.

Ghana Prisons Service (2015). *Czujność, ludzkość i męstwo.* Ghana Prisons Service, Accra, Ghana. 6pp.

Gordon, D. i Vaughan, R. (2011). Historyczna rola funkcji produkcyjnej w ekonomii i biznesie. *American Journal of Business Education* 4(4): 25 - 30.

Grains Research and Development Corporation (2013). *Farm Gross Margin and Enterprise Planning Guide.* South Australia Industry Trust, South Australia Industry Trust, South Australia. 88pp.

Hassan, Y., Abdullah, A. M., Ismail, M. M. i Mohamed, Z. A. (2014), Factors affecting the total factor productivity growth of maize production in Nigeria. *Journal of Agriculture and Veterinary Science* 7: 34 - 43.

Imenda, S (2014). Czy istnieje konceptualna różnica między teoretyczną a konceptualną? Ramy? *Journal of Social Sciences*, 38(2): 185 - 195.

Jaggi, S. (2003). Statystyki opisowe i eksploracyjna analiza danych. *Indyjski Instytut Badań Statystyk Rolniczych* 1: 1-18.

Lind, D.A., Marchal, W.G. and Wathen, S.A. (2006). *Podstawowe statystyki dotyczące przedsiębiorstw i gospodarki.* McGraw-Hill/Irwin, Boston. 17pp.

Moffatt, M (2019). Funkcja produkcji cobb-Douglas. [https://www.thoughtco. com/the-cobb-douglas-production-function-1146056] strona odwiedzona w dniu 20.10.2018 r.

Mutambara, J., Ayoola, G. B., Ejembi, E. P., Avav, T. i Masvongo, J. (2013). Produkcja i wydajność kukurydzy poddanej nowoczesnym i tradycyjnym metodom zwalczania chwastów w Federalnym Terytorium Stołecznym Nigerii. *Dziennik Urzędowy Rozszerzenia Rolnictwa i Rozwoju Obszarów Wiejskich* 5(5): 107 - 114.

Ngurumwa, J. P. (2016). Wkład drobnej produkcji kukurydzy w bezpieczeństwo żywnościowe gospodarstw domowych w dystrykcie Babati. Dysertacja do nagrody magistra na Uniwersytecie Mzumbe, Morogoro, Tanzania, 80pp.

Ntabakirabose, G. (2017). Analiza ekonomiczna czynników wpływających na wydajność i wydajność kukurydzy w Rwandzie: Studium przypadku okręgu Gatsibo. Praca magisterska na Uniwersytecie Jomo Kenyatta, Nairobi, Kenia, 89pp.

Peter, R., Juan, P., Penas, R., Maria, N. i Garcia, C. (2014). Globalna produkcja, wykorzystanie i konsumpcja kukurydzy. *Journal of Annals nowojorskiej Akademii Nauk* 1312: 105 - 120.

Regoniel, P.A. (2015). Ramy koncepcyjne: Przewodnik krok po kroku, jak go wykonać. [http://simplyeducate.me/2015/01/05/conceptual-framework-guide] strona odwiedzona w dniu 15.10.2018 r.

Rezepin, A., A., Amirova, T. and Mishina, V. (2017). Badania funkcji produkcyjnej przedsiębiorstwa przemysłowego. *SHS Web of Conferences* Chelyabinsk, Rosja 35pp.

Segun, A. O. i Bamire, A. S. (2017*). Analiza kosztów i zwrotów do produkcji międzyplonów Maize-Cowpea Intercrop Production w stanie Oyo.* Nigeria Department of Agricultural Economics, Faculty of Agriculture, Obafemi Awol. 15pp.

SPPAP (2017). *Początkowy wpływ wspólnotowych funduszy odnawialnych na podaż czynników produkcji rolnej.* Krajowy program wsparcia obszarów wiejskich, południowy Pendżab.10pp.

Stan Arizona (2015 r.). *Podręcznik księgowości Impress Funds, Revolving Fund i Petty Cash.* Arizona Department of Administration General Accounting Office, USA. 11pp.

Strother, M.A. (2017). Ekologiczny i polityczny wymiar wiedzy lokalnej wśród małych rybaków w Moorea, Polinezja Francuska. Dysertacja do tytułu magistra na Uniwersytecie Stanowym w San Diego, 87pp.

Suleiman, R. A. i Rosentrater, K. A. (2015). Obecna produkcja kukurydzy, straty po zbiorach i ryzyko zanieczyszczenia mikotoksynami w Tanzanii. *Obrady konferencji i prezentacje.* Nowy Orlean, Luizjana. 29pp.

Tanzania Prisons Service (2015). *Biznesplan dla więzień Tanzania Prisons Service Food Self Sufficiency.* Dowództwo więzień w Tanzanii, Dar es Salaam. 80pp.

Tanzania Prisons Service (2017). *Terminowy plan strategiczny 2016/17 - 2020/2021.* Kwatera główna więzień, Dar es Salaam. 39pp.

Tanzania Prisons Service (2018). *Biznesplan dla Prisons Corporation Sole.* Dowództwo więzień w Tanzanii, Dar es Salaam 60pp.

Tanzania Prisons Service (2018). *Korporacja Więzienna Wyłączne planowanie strategiczne.* Dowództwo więzień w Tanzanii, Dar es Salaam 46pp.

Taru, V., Lamba, B. i Jare, C. (2012). Efektywność ekonomiczna produkcji kukurydzy w okręgu administracyjnym stanu Adamawa, Nigeria, Yola North. *Agro-Science Journal of Tropical Agriculture, Food, Environment and Extension* 11(2): 1 - 8.

Ullah, R., Khan, K. H., Safi, Q. S., Shah, J. i Gul, F. (2011). Rentowność produkcji kukurydzy w okręgu Czaradda: Porównanie odmian konwencjonalnych i hybrydowych. *International Journal of Latest Trends Agricultural Food Science vol.* 1 (1).

Wagle, T.P.S. (2016). Analiza przestrzenna funkcji produkcji kostki brukowej w sektorze rolnym Nepalu: Analiza empiryczna. *Journal of Advanced Academic Research* 3(2): 101 - 114.

Wakhis, S. (2015). *Farma więzienna Kamiti Maximum Prison Farm, co za cudo.* Standard Group Limited, Nairobi, Kenia. 5pp.

Wang, X. i Fu, Y. (2013). Niektóre cechy charakterystyczne Cobb-Douglas i CES funkcje produkcyjne w mikroekonomii. *Streszczenie i zastosowanie Analiza* 2013: 1 – 6.

Wilson, R. T. i Lewis, J. (2015). *Łańcuch wartości kukurydzy w Tanzanii: Sprawozdanie z programu Southern Highlands Food Systems Programme.* Organizacja Narodów Zjednoczonych ds. Wyżywienia i Rolnictwa, Rzym, Włochy. 122pp.

ZASTOSOWANIA

Dodatek 1: Lista kontrolna dla kluczowych informatorów na temat działania systemu zatrzymywania i Fundusze odnawialne w gospodarstwach usług więziennictwa w Tanzanii

Imię i nazwisko osoby przeprowadzającej wywiad......................................

Data..

Nazwa informatora kluczowego ....

Pozycja...

Seks...

Wiek ....

Edukacja... ....

1. Jaka jest wielkość ziemi będącej własnością tego więzienia?

   ....

2. Ile hektarów uprawiałeś w zeszłym roku?

   ....

3. Jakie jest źródło finansowania produkcji rolnej w Pana(i) gospodarstwie rolnym?

   ....

4. Czy używasz certyfikowanych nasion?

   ....

5. Czy stosujecie nawozy?

   ....

6. Jeśli tak QN 5, to jaki rodzaj nawozów stosujesz?

   ....

7. Jakie jest źródło siły roboczej?

....

8. Czy wielkość siły roboczej zaspokaja działalność rolniczą?

....

9. Czy w produkcji kukurydzy stosowane są maszyny rolnicze?

....

10. Jeśli tak, to QN 9 wspomnij o nich.

....

11. Czy istnieje system nawadniania stosowany do produkcji kukurydzy?

....

12. Jeśli tak, to ile hektarów nadaje się do nawadniania?

....

13. Jaki jest stan plonów kukurydzy w porównaniu z kosztami produkcji?

....

14. Na jakim rynku sprzedaje się kukurydzę wyprodukowaną w Państwa gospodarstwie?

...

15. Czy istnieje magazyn do przechowywania wyprodukowanych plonów kukurydzy?

....

16. Jakie wyzwania stoją przed Państwem w całym procesie produkcji kukurydzy?

....

17. Jak go rozwiązać, jeśli jakiś QN15?

....

Dodatek 2: Kluczowe zmienne i definicje operacyjne

Zmienna	Definicje operacyjne	Poziom pomiarów	Jednostki miary
Źródło finansowania	Zapewnienie środków finansowych na produkcję rolną	Nominalny dychotomiczny	1=Rewolucyjne 0=Retention
Fundusz odnawialny	Fundusz utworzony w celu finansowania działalności w cyklu ciągłym poprzez otrzymaną kwotę	Stosunek	Tanzańskie szylingi
Fundusz zatrzymań	Kwota ustalona w drodze kumulatywnego odliczenia określonego procentu	Stosunek	Tanzania szylingi
Narzędzia rolnicze	Narzędzia stosowane w produkcji rolnej	Stosunek	Numery
Wielkość gospodarstwa	Powierzchnia pod uprawę	Stosunek	Hektary

Wydajność kukurydzy	Ilość wyprodukowanej kukurydzy	Stosunek	Tony
Marża brutto	Różnica między przychodami ogółem a kosztami zmiennymi ogółem	Stosunek	Tanzania szylingi
Dochody ogółem	Całkowite wpływy uzyskane ze sprzedaży kukurydzy ogółem	Stosunek	Tanzania szylingi
Koszty zmienne ogółem	Koszty pracy i zmienne nakłady rolnicze	Stosunek	Tanzania szylingi

MIX
Papier aus verantwortungsvollen Quellen
Paper from responsible sources
FSC® C105338

Printed by Books on Demand GmbH, Norderstedt / Germany